Männergeschichten

… wenn es mal nicht um Motoren oder Geld geht.

Von Paul Wettstein

Er hatte alles richtig gemacht!

Raoul lag noch im Bett, die Arme unter dem Kopf verschränkt und dachte nach. Er hatte es nicht eilig. Und je länger er auf sein Leben zurückblickte und Rückschau hielt, desto mehr kam er zur Überzeugung, dass er alles richtig gemacht hatte. Besser hätte es nicht laufen können. Er war gesund und hatte alles erreicht, was er sich vorgenommen hatte: Geld, Karriere, Ansehen, alles hatte er sich hart erarbeitet.

Auch auf seine Familie konnte er stolz sein. Gut, es war möglich, dass seine Kinder ihn früher zu wenig gesehen hatten, dass er oft nicht da war für sie, wenn sie ihn gebraucht hätten. Er hatte vor allem in ihren frühen Jahren wenig Zeit für sie. Aber für wen sonst hatte er so gerackert? Für wen hatte er die Firmen aufgebaut? Natürlich für seine Kinder! Sie hätten sein Lebenswerk nur fortzuführen brauchen. Er hatte alles vorbereitet. Gut vorbereitet!

Raoul dachte dabei vor allem an seine Tochter, Christina. Sie war ganz von seinem Schlag. Sie hatte alle guten Fähigkeiten von ihm mitbekommen und natürlich auch diejenigen ihrer Mutter!

Er war mächtig stolz auf sie! Sie konnte in grossen Zusammenhängen denken. Ihr heutiger Job bei der Bank war die beste Vorbereitung, um danach in seine Fusstapfen treten zu können.

Sie hätte ihre Talente hier voll einsetzen und entfalten können. Aber nein, kein Interesse! Ihr Platz sei in der Bank! Raoul konnte sie nicht verstehen. Er hatte lange gehofft, sie würde auf ihren Entscheid zurückkommen.

Bei seinem Sohn Edi sah Raoul überhaupt nicht klar. Derzeit arbeitete Edi an seiner Doktorarbeit an der ETH. Er wollte sich nicht festlegen und studierte quasi auf Vorrat, um nicht in die Berufswelt eintauchen zu müssen. Edi hatte tausend Ideen. Aber jedes Mal, wenn es um die Umsetzung der Zukunft ging, entwischte er wie ein schlüpfriger Fisch. Trotzdem stand ihm jede Tür offen.

Das Leben kann kommen!

Er arbeitete also nicht mehr und hatte Zeit. Er war richtig stolz auf sich und darauf, dass er es geschafft hatte im rechten Augenblick aufzuhören. Bisher hatte er seine ganze Kraft der Arbeit geopfert und sein anderes Leben stets aufgeschoben. Aber jetzt musste er nicht mehr verzichten! Jetzt konnte er das Verpasste nachholen und sich seine Träume erfüllen!

Was für ein Gefühl! Mit Schwung warf er die dünne Bettdecke mit beiden Füssen weit von sich, sprang mit einem Riesensatz aus dem Bett und streckte sich. Er fühlte sich voller Kraft und Tatendrang und gleichzeitig leicht und wohlig.

Wärme durchströmte seine Glieder. Seit seiner Kindheit war er nie mehr so glücklich. Am liebsten hätte er einen Luftsprung gemacht, wie damals, als er noch in kurzen Hosen zu Hause herumtollte.

Er öffnete die Terrassentüre, trat hinaus, sog die frische Morgenluft tief in seine Seele hinein und liess sie wirken. Das tat gut! Er war zufrieden mit sich und der Welt.

Er wurde wieder ganz zu diesem unbeschwerten Jungen, der barfuss durch die duftende Blumenwiese hüpft, den für Mami frisch gepflückten Margeritenstrauss in der Hand. Voller Freude und mit roten Pausbacken streckt er ihn Mami entgegen, die den Kleinen bereits unter der Türe erwartet, mit ausgebreiteten Armen und einem liebevollen Lächeln.

„Oh, sind die aber schön!"

Immer noch als klein Raoul in seiner Bilderwelt lebend, sieht er sich etwas zaghaft um und versucht seinen Luftsprung. Es ist ihm so leicht ums Herz, dass er es einfach versuchen muss! Erwartungsgemäss gerät dieser aber eher zu einem Hüpfer als zu einem Sprung.

Als er aus seinem Tagtraum erwacht, fühlt er sich 10 Jahre jünger. „So beginnt der perfekte Tag!" dachte er bei sich und schlenderte voller Freude und in Gedanken versunken von der Terrasse den Weg hinunter zur Loggia am See. Dort setzte er sich in den Schatten und schwebte weiter in seinem Glück.

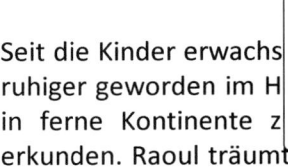

Seit die Kinder erwachs[...]geflogen waren, war es ruhiger geworden im H[...]eale Zeitpunkt also, um in ferne Kontinente z[...]nd fremde Länder zu erkunden. Raoul träumte davon, dies alles mit Bettina an seiner Seite zu erleben.

Er schaute den kleinen Entchen zu wie sie sich im Schilf versteckten und der Enten-Mamma, die laut schnatternd versuchte, ihre sieben putzigen Kleinen zusammen zu halten.

In seinem Inneren begann es zu singen. Irgendeine unbekannte Melodie. Sie kam direkt aus seinem Herzen. Lange hatte er sich nicht mehr so glücklich gefühlt!

***

Raoul hing weiter seinen Gedanken nach. Dazwischen roch er mal an der einen oder anderen Rose. Sie waren alle wunderschön und dufteten phantastisch, jede für sich. Er fühlte sich wie im Schlaraffenland, hineinversetzt in ein Märchen. Tiefe Zufriedenheit erfüllte ihn.

Aber je länger sein Glück dauerte, desto unruhiger wurde er. Immer deutlicher spürte er, dass etwas fehlte. Er sah sich um und suchte mit seinen Augen Bettina. Wo blieb sie denn? Einen so wunderbaren Morgen konnte sie doch nicht mit Hausarbeit vergeuden!

Er wünschte sich, dass sie kommt und sich neben ihn setzt. Diesen wunderbaren Moment wollte er mit ihr zusammen geniessen, den Vögeln zuhören und den Booten nachsehen. Sie könnten einfach zusammen in der Loggia sitzen und sich zurücklehnen! Nichts tun. Alle Geschäftigkeit zurücklassen und die Seele baumeln lassen.

Sie würde bestimmt ein Buch lesen wollen. Kein Problem. Sie sollte einfach nur da sein, bei ihm. Er wollte sein Glück mit ihr teilen.

Fred

Da ertönte die Hausglocke. Raouls Gesichtszüge spannten sich und er biss sich auf die Lippen. Das konnte nur Fred sein! Um diese Zeit war nur einer so dreist bei ihnen hereinzuplatzen!

Immer dieser Fred! Diese Klette! In letzter Zeit war er fast täglich hier, machte es sich bequem in der Loggia und quatschte einem die Ohren voll. Er war so was von lästig!

Raoul begann zu frösteln, obwohl die Sonne ihm jetzt direkt auf den Kopf brannte. Der Gedanke an Fred löste in seinem Brustkasten Beklemmung aus. Sein Herz holperte wie eine alte Eselskarre und begann wirr durcheinander zu schlagen. Raoul spürte einen Druck in der Herzgegend und bekam kaum Luft.

Er stand auf und ging langsam den Weg zurück zum Haus. Die Faust auf seinen linken Brustkorb gepresst schlich er förmlich die kleine Steigung hinauf.

Seine Stimmung stürzte sich mit einem Sprung von der hohen Klippe hinunter in die Brandung. Er war wieder in der Gegenwart, das Glücksgefühl verschwunden.

Fred war ein Schmarotzer, ein leerer Schwätzer. Raoul spürte die Wut in sich hochsteigen und sein Herz klopfte noch heftiger. Trotz der wirklich kaum spürbaren Steigung rang er nach Luft und kalte Schweisstropfen bildeten sich auf seiner Stirn. Er blieb stehen und keuchte. Glücklicherweise war der Spuk nach einigen Sekunden vorbei und er erreichte seine Terrasse ohne weitere Zwischenfälle. Dort liess er sich in die Hollywood-Schaukel plumpsen und ruhte sich aus.

Aber die Gedanken an Fred liessen ihn nicht mehr los. Offenbar gefiel es Fred hier so gut, dass er kaum noch Lust verspürte, sich in seinen grandiosen Sportwagen zu schwingen und ziellos in der Gegend herumzukurven.

Ach nein! Dieser Blödmann kurvte ja nicht ziellos herum! Er kurvte vielmehr gezielt nach Kurven! Er war ein Gigolo alter italienischer Schule. Dazu stürzte er sich jeweils in seinen weissen Anzug, mit weissen italienischen Schuhen, das frische Hemd weit geöffnet, so dass jeder, und vor allem jede Frau, seine braungebrannte, glattrasierte und muskulös-durchtrainierte Brust sehen konnte. Er setzte die Ray Ban auf und seinen weissen Strohhut und begab sich auf die Pirsch. Allerdings nicht auf leisen Sohlen. Er öffnete dazu vielmehr das Verdeck seines roten Mustangs und drehte seine Musikanlage mit Power-Booster voll auf.

Raoul musste sich eingestehen, dass Fred ziemlichen Erfolg hatte! Seine Masche mit den Blumen schien zu funktionieren. Ganz gezielt steuerte er jeweils seinen teuren Flitzer neben eine hübsche Frau auf der Promenade, fuhr im Schritttempo neben ihr her, hielt wenige Meter vor ihr an, sprang elegant aus seinem Wagen und übergab ihr eine rote Rose. Dabei versprühte er seinen ganzen Charme. Natürlich lächelte die Auserkorene ihm zu und schon sassen beide auf dem eleganten Leder. Der Motor heulte auf und los ging's!

Raoul erinnerte sich, dass Fred ihm mal bei einem Gespräch unter Männern gestanden hatte, dass Frauen für ihn eine Art Jagdobjekt seien. Sobald er ein geeignetes

Exemplar auf seinem Radar habe, fände er keine Ruhe mehr, bis er am Ziel sei. Dazu sei ihm jedes Mittel recht.

Bei dem Gedanken, dass Fred ihn vor wenigen Wochen gefragt hatte, ob er zu Raouls Ferienhaus im Tessin fahren dürfe, kam Raoul erneut die Galle hoch. Fred hatte ihm ganz harmlos und mit spitzbübischer Mine ins Ohr geflüstert, er hätte da etwas am Laufen, das er hier in der Gegend nicht zeigen könne. Raoul sei doch sein Kumpel und könne ihm diesen Wunsch wohl kaum abschlagen.

Bestimmt war Bettina, die attraktive Ehefrau seines langjährigen Freundes, ein ganz besonders lohnendes Ziel für ihn. Wie gross musste sein Triumph sein!

Die Katastrophe

Raoul sass immer noch erschöpft auf der Terrasse, am Schatten, in seiner Hollywood-Schaukel. Tränen rannen über seine Wangen. Er wimmerte leise. Ein Häufchen Elend. Nichts war mehr zu spüren von der Lust auf Luftsprünge. Die Katastrophe hatte wieder sein Bewusstsein erreicht!

Wie konnte das nur passieren? Hatten sie nicht beide jahrelang auf ihr gemeinsames Ziel der Frühpensionierung hingearbeitet und hätten nun die Früchte ihrer Arbeit ernten können? Ohne Ernte machte die Schufterei doch keinen Sinn!

Er verstand es nicht. War es ihr langweilig neben ihm? Hatte sie Angst vor so viel Nähe und Zweisamkeit? War sie zu jung, um aus der Arbeitswelt auszusteigen? Hätte sie lieber noch einige Jahre gearbeitet?

Keine dieser Fragen konnte er beantworten. Bettina hätte bestimmt Antworten geben können, aber sie wollte weg. Möglichst bald! Zum Reden blieb keine Zeit.

Alles umsonst?

Ausgerechnet jetzt wollte Bettina Raoul verlassen. Sie gehörte doch zu ihm! Er musste sich verhört haben. Das konnte doch nicht wahr sein!

Sie hatten beide ihre ganze Kraft in ihr gemeinsames Ziel investiert, um jetzt mehr Zeit für einander zu haben. Sie träumten doch beide davon, ihren Lebensabend gemeinsam zu verbringen an diesem schönsten Flecken der Erde.

Raoul stand langsam auf und machte sich in der Küche ein kühles Sprudelwasser. Er trank das ganze Glas in einem Zug leer und bereitete sich gleich ein zweites mitsamt zwei Eiswürfeln zu, bevor er wieder hinaus ins Freie trat, um sich erneut im Schatten niederzulassen.

Sogleich holten ihn die trüben Gedanken wieder ein. Seine ganze Freude war verflogen. Er hatte keine Augen mehr für die Schönheiten der Natur. Er sah den See nicht, nicht die Motorboote, welche ihre Spuren durch das Wasser zogen. Auch den Pilatus mit seinen letzten Resten Schnee würdigte er keines Blickes, obwohl er für gewöhnlich sich an diesem Berg kaum satt sehen konnte.

Er war richtig stolz auf diesen Berg, welcher die Landschaft am See dominierte. Er fühlte sich mit dem Pilatus irgendwie persönlich verbunden. Aber heute nicht. Jetzt existierte nichts mehr um ihn herum.

Was war falsch?

Bereits morgen wollte Bettina ausziehen! Vorgestern, als er von einer Golfrunde mit Freunden zurückkam, hatte sie es ihm gesagt.

Die Nachricht schlug bei ihm ein wie ein Blitz aus heiterem Himmel, wie aus einem dunklen Hinterhalt geschossen! Nicht in seinen schlimmsten Träumen hatte er so etwas vermutet!

Er konnte es immer noch nicht fassen. Sie hatten doch keinen Streit. Im Gegenteil! Sie standen sich immer noch sehr nahe. Er liebte sie wie am ersten Tag. Und bis vorgestern hatte er geglaubt, sie liebe ihn genauso.

Und nun wollte sie ihn plötzlich verlassen und zu Fred ziehen! Raoul glaubte sich im falschen Film! Das konnte einfach nicht wahr sein! Das durfte nicht wahr sein!

Warum wollte Bettina alles zerstören? War sie hier nicht glücklich? Nicht glücklich mit ihm? Nie hatte sie über ihre Gedanken und Gefühle geredet.

Dabei hatte ihr doch nichts gefehlt. Sie genoss seine Anerkennung und dazu jede erdenkliche Freiheit. Er liebte und vergötterte sie. Er schätzte ihre Art und auch ihre Freunde. Er wusste wirklich nicht, weshalb sie ausziehen wollte!

Liebte sie ihn noch? Oder weshalb nicht mehr? Was hatte er falsch gemacht? War vielleicht doch nicht alles richtig, was er gemacht hatte?

Sie hatten zwar getrennte Schlafzimmer. Aber er hatte sich dabei nichts gedacht, als sie diese Trennung vorschlug. Im Gegenteil hatte er geglaubt, das sei praktisch, wenn sie abends im Bett noch lesen wollte und er neben ihr vielleicht bereits schnarchte.

Auf jeden Fall fühlte er sich dadurch von ihr nicht weggestossen.

Hatte sie es so nötig?

Vielleicht lag es gar nicht an ihm. Vielleicht lag es an ihr. War es ihr etwa zu langweilig ohne Arbeit? Brauchte sie einfach etwas Abwechslung?

Oder lag es an den Hormonen? Wollte sie sich nochmal ihrer Jugend und Attraktivität versichern? Wollte sie einfach mal einen anderen Mann? Sex mit einem anderen? Komplimente eines anderen?

Er wusste, wie empfänglich Frauen in ihrem Alter auf Komplimente reagierten. War sie vielleicht auf den Schmus von Fred hereingefallen? Hatte sie diesen Fred denn nötig? War sie so bedürftig?

Fred *der* Schürzenjäger der Gegend! Raoul schüttelte langsam den Kopf. Aber doch nicht Bettina. Das war nicht ihre Art. Das war lächerlich. Aber offenbar war gegen solche Typen kein Kraut gewachsen.

Er fragte sich, ob sie wieder zurück kam nach ihrem Abenteuer? Aber - wollte er das überhaupt? Und wie lange würde diese Episode noch dauern?

Tausend Gedanken schossen ihm durch den Kopf.

***

Wo war sie überhaupt? Und wo war Fred?

Das konnte ja nur Fred gewesen sein an der Tür. Wer läutete denn sonst um diese Zeit Sturm? Raoul rechnete damit, dass Bettina jeden Augenblick die Treppe herunterkommen könnte.

Er hatte sie heute noch nicht gesehen und das war ihm jetzt gerade recht. Er wollte nicht, dass sie ihn in diesem Zustand sah. Er wollte sich keine Blösse geben. Er wollte nicht weinen.

Warum war sie überhaupt noch hier? Soll sie doch gehen! Zu diesem Gockel, diesem Gecken, diesem…, ach was! Er versuchte mit einer Handbewegung seine Gedanken wegzuwischen, aber er sah nur, wie sich seine Faust ballte!

Fred soll ihr den Hof gemacht und ihr das Blaue vom Himmel versprochen haben. Im Golfclub wurden die haarsträubendsten Geschichten herumgeboten. Viele Ladies beneideten sie sogar um ihre Eroberung. Fred habe ihr täglich mehrmals gesagt, wie hübsch und wie schön sie sei, und dass er nachts nicht mehr schlafen könne. Sie würde ihm keine Ruhe lassen!

Kein Wunder, dass die Frauen auf ihn reihenweise hereinfielen. Und nicht nur solche in einem gewissen

Alter. Er machte es mit jeder gleich. Und trotzdem missgönnten einige Damen im Club Bettina ihr Glück.

Offenbar fiel Bettina genauso auf seinen Schmus herein wie alle andern. Vermutlich glaubte sie gar, sie sei die Ausnahme! Bei ihr sei alles anders. Sie glaubte offenbar tatsächlich, sie sei seine grosse Liebe. Lächerlich!

Fred und Liebe. Das passte zueinander wie eine Faust aufs Auge! Wie konnte sie nur so naiv und dumm sein? Wie konnte sie diesem Fred nur glauben? Er hatte sie für klüger gehalten.

Raoul zuckte zusammen und erschrak, denn er glaubte Bettina auf der Treppe gehört zu haben. Oder war es Fred? Langsam drehte er sich um. Nichts! Zum Glück! Er musste sich wohl getäuscht haben.

Es kam ihm so vor, als ob er sie an jeder Ecke hören würde. Mal ein Schatten hier, mal ein Rascheln dort, ständig war Bettina irgendwo und doch nicht fassbar.

Sie war in seinem Herzen, in seinen Gedanken, in seinem Kopf und im ganzen Körper. Sie beherrschte alles in ihm, füllte alles aus und war doch nicht da!

***

Raoul fiel sogleich wieder in seine Gedanken zurück: Kommentarloser Auszug! Einfach weg, innerhalb von drei Tagen. Er hoffte, bald aus diesem Albtraum erwachen zu können.

Er hatte ihr blind vertraut. Und nun war er das Gespött des Tages. Das ganze Dorf wusste es schon, nur er hatte keine Ahnung gehabt! Liebe machte offenbar wirklich blind. Oder hätte er damit rechnen müssen? Muss man nach so vielen Ehejahren damit rechnen, dass sich die Frau Abwechslung sucht?

Raoul war überzeugt, dass sie bald reumütig zurückkehren würde. Eine kleine Affäre, weiter nichts. So eine Affäre schmeichelte den Frauen offenbar sehr. Geschenke, Komplimente, alles wunderbar und wieder neu! Wieder mal umworben werden, das wollten doch alle.

Aber er hatte sie doch nicht vernachlässigt. Vielmehr hatte er sie stets auf Händen getragen!

Er erhob sich. Seine gute Laune war definitiv im Eimer. Seine Leichtigkeit war wie weggeblasen. Nichts spürte er mehr von der wohligen Wärme dieses sonnigen Morgens, wo er glücklich wie ein Kind Luftsprünge machen wollte. Er war wieder in der Realität angekommen. Traurig, ratlos, wütend. Mit hängendem Kopf trottete er ins Haus zurück.

Da sah er Bettina auf der Treppe. Diesmal war es kein Gespenst. Ganz automatisch ging er auf sie zu, trotz dem verweinten Gesicht, und schloss sie in die Arme.

Sie umarmten sich und weinten beide. Sie sah den flehenden Ausdruck in seinen Augen, sagte aber nichts. Und er brachte sowieso keinen Ton heraus. Schweigend und weinend standen sie eng umschlungen im grossen Wohnzimmer.

Nach unendlich langer Zeit liess er sie los und fragte: „Willst Du wirklich…?" Kurz und schnippisch gab sie zur Antwort: „Tut mir leid!", dann stiess sie ihn von sich weg, zog ihre Schuhe an, packte die Schlüssel in die Handtasche und liess die Türe ins Schloss fallen. Fred hatte draussen im Auto gewartet.

Und Raoul hatte gehofft, sie würde es sich in letzter Minute noch anders überlegen! Aber wozu hatte sie die Schlüssel mitgenommen?

Nach Bettinas Auszug

Bettina war weg! Sie hatte das Unfassbare wahr gemacht. Raoul dachte unentwegt an sie. Und an ihr geplantes Leben zu zweit. Seine Gedanken drehten sich im Kreis. Er kam nicht weiter. Fand keinen Ausweg. Sein Schmerz war unerträglich. Er wollte ihr noch so vieles sagen.

Und er wollte sie fragen ‚wieso?‘. Er hatte tausend Fragen. Er konnte sie nicht verstehen. Sie hätten es so schön gehabt. Jetzt. Sie beide.

Seine Gedanken drehten sich weiter. Sein Kopf schwirrte. Er suhlte sich im Selbstmitleid. Er hatte es nicht verdient. Es war ungerecht. Warum nur? Warum passierte es ihm? Hatte sie ihn nicht lieb? Hatte sie ihn je geliebt oder war es das Geld, das sie liebte? Oder sein Ansehen?

War Fred vielleicht nur eine Affäre? Kam sie wieder? Wie sollte er sich dann verhalten? Sie hätten es doch so schön haben können, sie beide, zusammen! Warum wollte sie dieses Paradies zerstören?

Bestand noch Hoffnung? Vielleicht brauchte sie einfach etwas Zeit.

***

Er kam immer mehr ins Grübeln. Er sass nur noch da und rührte sich nicht. Er schlich lethargisch im Garten herum oder verkroch sich im Bett. Er wollte einfach nichts und niemanden hören oder sehen. Er wollte allein sein. Er wollte sich grämen. Sich seiner Traurigkeit hingeben.

In seinem Herzen schmiedete er immer noch Pläne für sie beide. Sie hätten Zeit gehabt für gemeinsames Nichtstun, für Gespräche oder für Zärtlichkeiten. Zeit, um in den lauen Sommernächten eng umschlungen nebeneinander am Ufer zu liegen. Zeit, um ihre Liebe zu leben, Vertrautheit und Nähe zu spüren, Wärme und Geborgenheit! Und dies alles an diesem wunderbaren Ort!

Er konnte nicht aufhören den Faden weiter zu spinnen: Sie hätten schwimmen können in den leise plätschernden Wellen des Sees. Raoul hätte ihr danach das Badetuch gereicht, sie abgerubbelt, sie dann in den Arm genommen und zärtlich geküsst. Genau wie früher! Wie oft hatte er sich vorgestellt, wie er behutsam an ihrem Ohr knabbern würde, ihr leise ins Ohr flüsternd: „Ich liebe Dich!"

Er hätte ihr den Rücken mit ihrem herrlich duftenden Spezialöl eingerieben. Sie hätte sich wohlig an der Sonne geräkelt und seine zärtlichen Liebkosungen genossen. Ganz entspannt wäre sie dagelegen und er hätte verliebt zugesehen, wie sie atmete. Und wie sie es genoss in seiner Nähe zu sein.

Jetzt hätten sie das „Du" spüren können. Wie schön hätte das Leben für sie sein können! Für sie beide! Zu zweit!

Am Abend hätten sie auf den See hinausfahren können. Sie hätten zusammen ein letztes Bad genommen und hätten danach bei einem Glas Prosecco auf ihr Glück angestossen. Sie hätten zugesehen, wie sich die Sonne auf dem Wasser spiegelt und alles vergoldet. Sie hätten beobachten können wie sich alles Rot färbte, die Wellen und die Wolken, der Himmel und sogar die Felsen, bis schliesslich nur noch die Bergspitzen in rosa Licht getaucht erschienen wären.

Der silberne Mond hätte sich langsam und majestätisch erhoben, wäre der Silhouette des Niederbauen entlang hochgeklettert, hoch hinaus über die Felsen, und hätte sein silbernes Füllhorn mit tausend glitzernden Sternen über den See ergossen. Leise hätten die Wellen gegen den Bug geplätschert und sie in den Schlaf gewiegt. Erst spät in der Nacht wären sie, leicht fröstelnd vielleicht, aber eng umschlungen, mitten auf dem See wieder erwacht.

Wollte sie das nicht?

Wozu das alles?

Raoul entfuhr ein tiefer Seufzer. Sein Herz weinte. Langsam wurde ihm bewusst, dass alle diese Bilder und Vorstellungen nie Wirklichkeit werden würden. Ihm kamen erneut Tränen. Er schlug die Hände vor sein Gesicht und weinte hemmungslos. Sein lautes Schluchzen füllte das ganze Haus. Er wurde richtig durchgeschüttelt. Verzweiflung machte sich breit in seinem Herzen. Er wollte sich verkriechen. Oder im Erdboden verschwinden. Oder sterben. Es sollte aufhören dieses Gefühl der Einsamkeit. Dieses Gefühl des Verlassen-seins, des Sitzen-gelassen-seins. Es tat so weh!

Hatte sie ihn vielleicht gar nie geliebt? War alles nur Maske? Eine Art Make-Up, welches man abends wieder abwischte?

Dunkle Gedanken schossen ihm durch den Kopf: Wozu das alles? Wozu hatte er gearbeitet? Wozu, wenn niemand da war, den er liebhaben konnte? Niemanden, mit dem er alles Teilen konnte?

Hätte er nicht besser weitergearbeitet? Da wäre er wenigstens angesehen gewesen, geachtet und geschätzt. Die Leute hätten ihn gegrüsst, hätten ihm zugelächelt. Er wäre stolz gewesen auf sich. Er hätte sich nicht fragen müssen, ob es richtig sei, was er tut. Alles wäre gut gewesen.

Nun sass er da, verlassen und allein! Und hatte keinen einzigen Menschen um sich herum. Das grosse Haus war leer und hohl. Wenn er durchs Wohnzimmer ging hallten seine Schritte von den Wänden wider. Wenn er weinte, kam niemand, um ihn zu trösten. Niemand strich ihm liebevoll übers Haar. Es war totenstill.

Draussen lag sein einsames Boot, das leer und kalt vor sich hindümpelte. Sollte er es noch einmal losbinden und ein letztes Mal auf seinen geliebten See hinausfahren? Ohne Rückkehr! War das sein Weg?

Er wusste nicht mehr was richtig war und wozu er lebte. Sie hatte ihm alles genommen! Sein Selbstbewusstsein und seine Lebensfreude! Sie hatte sein Herz mitgenommen! Und ohne Herz wollte er nicht leben.

Er wurde nicht mehr gebraucht, ja kaum noch wahrgenommen! Er war der Hausrat, den man beim Auszug zurücklässt. Zurücklassen war wohl einfacher als entsorgen! Bettina war weitergezogen. Ohne Blick zurück!

Gab es eine Möglichkeit überschüssige Menschen zu entsorgen? Menschen, die niemand mehr wollte? Bestimmt gab es dafür eine Amtsstelle. An wen sollte er sich wenden? Sollte er sich überhaupt an jemanden wenden, oder sich gleich selbst entsorgen? Wäre dadurch nicht allen geholfen?

Bestimmt würde er nicht mal vermisst. Ja vermutlich würden die Nachbarn erst Wochen oder Monate später auf sein Fehlen aufmerksam. Oder gar erst Jahre danach, wenn die Bäume in seinem Garten langsam ihre Aussicht auf den See versperrten? Dann würden sie bestimmt kommen und verlangen wollen, dass er sie zurückstutze. Aber dann wäre er längst nicht mehr da!

Wut

Am Sonntagmorgen, die Sonne stand bereits hoch am Himmel, erwachte Raoul aus seiner dumpfen Lethargie und seinem Selbstmitleid. Die Tränen waren trocken. Sein Gemüt sann auf Rache.

Er dachte daran eine Reise zu machen in ein entferntes Land, wo ihn niemand kannte und wo Sonne und Musik das Leben bedeuteten. Dort wartete bestimmt eine braungebrannte Schöne auf ihn, die ihn verwöhnt und alles tun würde für ihn. Er würde geliebt und umsorgt. Sie würde ihm jeden Wunsch von den Augen ablesen. Dort wäre er König. So könnte er es ihr heimzahlen! Durch sein neues Glück.

Schon wieder sie! Wieso dachte er unentwegt an sie? Er wollte sie doch vergessen! Wollte ihr entfliehen, wollte sie zurücklassen in diesem öden Gemäuer! Sein ganzes Leben steckte in diesen Mauern. Alle seine Träume waren hier verwirklicht. Und trotzdem fühlte er sich plötzlich fremd. Irgendwie nicht dazu gehörig.

Was konnte er tun, um diese Frau aus seinem Kopf zu verbannen? Und aus seinem Herzen? Er war nicht für die Einsamkeit programmiert. Ein Single-Dasein war nie sein Ziel gewesen. Er hatte alles gegeben! Wozu? Was hatte er nun davon?

Sollte er sich im Internet bei einem Single-Club anmelden? Oder gleich in mehreren? Aber wer wollte ihn denn noch, ihn, den Verlassenen, Zurückgelassenen? Er war nun eine Art Gebrauchtwagen. Gesunken im Wert.

In seinen Gedanken sah er bereits die Weiber im Dorf ihre Köpfe zusammenstrecken und tuscheln: „Es muss ja wohl was dran sein, wenn sie von einem solchen Traumschloss flüchtet! So ganz ohne Grund wird sie dieses schöne Anwesen wohl nicht verlassen haben. Wahrscheinlich hat er eine Andere. Freiwillig ist sie bestimmt nicht ausgezogen!" „Vielleicht hat er sie geschlagen? Oder er hatte perverse Wünsche? Man sieht es denen ja nicht an! Die arme Frau! Männer sind doch alle gleich!"

Und offenbar immer die Dummen!

***

Raoul wurde immer wütender und begann sich lauter dummes Zeugs einzureden: „In solchen Situationen bleibt nur die Flucht nach vorn! Sein Lebenswerk zerstören! Nichts zurücklassen, was ihn hätte erinnern können an seine grosse Liebe. Sein Herz mundtot machen, damit es nicht mehr schreit nach Liebe. Es herausreissen!

Das konnte auch nicht schlimmer sein, als wenn Bettina auf seinem Herzen herumtrampelte!"

Er war sich sicher, dass er so etwas nie mehr erleben wollte. Seine Liebe sollte nie mehr mit Füssen getreten werden. Liebe bringt nur Leid und Schmerz! Und Verlust!

Er dachte an die Scheidung und was diese wohl kosten würde. Er würde bestimmt noch zahlen müssen, dafür dass sie weggeht. Sie durfte alles zerstören und wurde am Ende dafür noch fürstlich belohnt. Er wurde nicht gefragt. Sie entschied über sein Leben. Er durfte ihr höchstens noch alles Gute wünschen und sich dann zurückziehen.

Rache

Raoul wurde den Gedanken an eine Reise nicht mehr los. Irgendwohin, wo alles anders ist und dabei alle Sorgen zurücklassen, seine Gedanken und Gefühle, seine Stimmungen und die Zerstörungswut. Den Nullpunkt zurücklassen und reisen zu den Höhepunkten der Welt!

Aber wohin? Wo gefiel es ihm denn besser als hier? Er wollte ja gar nicht weg! Wozu hatte er denn sein ganzes Leben gearbeitet? Bestimmt nicht, um irgendwann alles aufzugeben.

Andererseits wollte er es denen zeigen. Zeigen wo der Bartli den Most holt...[1]! Die sollten nicht über ihn lachen. Schon eher wollte er über sie lachen.

Er wollte triumphieren über Bettina! Es ihr heimzahlen. Er wollte noch da sein, wenn ihre Affäre bereits vorbei ist. Das Wort „Affäre" leitete sich bestimmt vom Affen her, zu dem er diesen Fred machen wollte!

Frauen sollten in seinem Leben nur noch Mittel zum Zweck sein. Er fühlte sich schliesslich immer noch als Mann! Vielleicht würden dabei einige dieser Damen unglücklich werden. Pech gehabt! „Wie Du mir, so ich Dir!" Er würde Rache üben und so viele wie möglich zerstören. Es sollte ihn freuen, alle leiden zu sehen. Leiden, genau wie er!

Er wollte seine Gefühle abschalten und dann so viele Frauen vernaschen wie möglich. Er wollte nur ihre Schönheit geniessen, sich aber auf keinen Fall verlieben.

Nur ja nicht mehr lieben! Das Herz wegschliessen, es unzugänglich machen. Er wollte eine hohe, dicke Mauer um sein Herz ziehen.

Sein Herz sollte nur noch ihm gehören. Aussen würde er ein Schild anbringen: Privat! Zugang gesperrt! Den Schlüssel zu seinem Herzen wollte er wegwerfen, versenken in den Tiefen des Sees. Niemand sollte ihn mehr finden. Er wollte sein Herz nicht mehr teilen. Mit niemandem! Nie mehr! Nie!

---

[1] Schweizerisch: Seine Überlegenheit zeigen

Yes I can!

Er versuchte diese Gedanken abzuschütteln, aber es gelang ihm nicht. Vielleicht sollte er diese Reise wirklich machen. Etwas Abwechslung würde ihm bestimmt guttun.

Ach was Abwechslung! Seine Wünsche und Sehnsüchte würde er ja mit sich nehmen. Aber diesmal sollte alles anders werden! Er wollte aus seinen Fehlern lernen.

Er würde keiner Frau mehr trauen und sich nicht mehr über den Tisch ziehen lassen. Nur noch wie ein Schmetterling von Blume zu Blume flattern, sich an Brüsten nähren und geniessen. Und sich nie mehr verlieben!

Hawaii! Das war die Idee. Von Hawaii hörte man so viel Gutes. Ab durch die Mitte und dem Ganzen hier entfliehen. Hawaii musste das Paradies sein. Die Menschen dort waren glücklich und friedlich, mit einem Lächeln auf den Lippen und Blumen im Haar.

Er würde braungebrannt und strahlend zurückkehren und in die verweinten Augen von Bettina blicken, nachdem Fred sie bereits mit der Nächsten betrogen hatte. In seiner Fantasie sah er Bettina bereits an seine Haustüre klopfen und ihn auf Knien bitten, sie wieder bei ihm aufzunehmen.

Er seufzte und versuchte, sich auf positivere Gedanken zu bringen. Er würde fliegen. Fliegen durch sein Leben. Fliegen nach Hawaii. Yes I can!

Der siebte Tag

Freitagabend: Der Wein war im Kühler. Etwas zum Knabbern hatte er auch noch gefunden. Raoul hatte sich etwas gefangen. Hanspeter konnte kommen.

Schon ertönte die Hausglocke. Pünktlich wie immer! Als Raoul die Türe öffnete, stand ein grosser, schlanker Mann, anfangs 60 vor der Türe, modern gestylt, die schwarzen Haare locker gewellt, das Kurzarmhemd geöffnet und lässig über den Hosen tragend. Er sah blendend aus.

Mit „Hallo Hanspeter, wie geht es dir?", begrüsste er seinen ersten Gast. „Bei dir kann man direkt sehen, wie du dich in den letzten Monaten verändert hast. Gut siehst du aus!"

Raoul musterte ihn vom Scheitel bis zu den modischen Schuhen. „Wie machst du das nur? Was tust du denn die ganze Zeit? Komm, nimm Platz! Wie geht's mit den Frauen?", empfing ihn Raoul.

„Lass mich bitte zuerst absitzen. Wir haben noch den ganzen Abend, um zu plaudern. Du musst mich nicht so überfallen! Übrigens: Ich habe draussen…"

„Ja aber sag doch", unterbricht Raoul, „wie geht es dir? Hast du den Schock mit Käthi überwunden?"

„Das ist eine lange Geschichte. Wenn du möchtest, werde ich sie dir erzählen. Aber wie geht es bei euch?"

„Ich weiss es nicht! Bettina hat mich letzte Woche wegen diesem Fred verlassen! Du kennst ihn bestimmt, diesen Gigolo, der jeweils mit seinem Sportwagen Frauen aufreisst und ihnen Rosen verteilt. Bettina ist genauso auf ihn hereingefallen wie alle anderen. Vermutlich wird sie in zwei Wochen wieder hier auf der Matte stehen."

Hanspeter lachte schallend: „Was der?!" Das Gesicht von Hanspeter verzog sich zu einer Grimasse, als er Fred nachäffte. „Fass es doch als Kompliment auf! Der macht sich nur an hübsche Frauen heran!"

"Ja vielen Dank! Das hat gerade noch gefehlt!", zischte Raoul. „Jetzt muss ich bestimmt noch froh sein, dass Bettina weg ist!"

Der Partner soll's richten

"Ja vielleicht schon! Du kannst es halten, wie du willst, Raoul. Vielleicht hat es auch etwas Gutes, wenn man zwischendurch mal verlassen wird. So bekommt man Gelegenheit zur Standortbestimmung und zur Neuorientierung. Inzwischen sehe ich genau darin meine Chance."

„Danke! Danke vielmals! Auf diese Chance hätte ich gerne verzichtet!", schnaubte Raoul wütend. „Bettina und ich waren glücklich und dies hätte so bleiben können, auch ohne Trennung und ohne diese doofe Chance zur Selbsteinkehr!"

„Hätte ich diesem Fred nur rechtzeitig die Nase poliert, oder wenigstens die Türe gewiesen, so wären wir heute noch zusammen!"

Völlig unbeeindruckt von Raouls Einwänden fuhr HP fort: „Viele Menschen meinen unbewusst, sie hätten das Glück nicht verdient und seien deshalb auf Hilfe von aussen angewiesen."

„Solche Menschen erhoffen sich das Glück vom Partner. Deshalb wird der Partner richtiggehend verklärt und es werden ihm Fähigkeiten zugeschrieben, die er nicht haben kann, weil er nicht Gott ist."

„Gleichzeitig versuchen sie den Partner mit allen Mitteln glücklich zu machen, um dann im Gegenzug von ihm das Glück einfordern zu können. Sie lesen ihm jeden Wunsch von den Lippen ab. Sie scheuen dazu keinen Aufwand."

„Ja klar! So ist es richtig!", wirft Raoul ein, „Genau so muss es sein. Anders kann es ja nicht funktionieren. Stell dir mal vor, jeder würde nur für sich schauen in einer Partnerschaft!"

„Abwarten, auf diesen Aspekt komme ich noch. Das Für-sich-selber-Schauen wäre ein wichtiger Punkt. Aber viele dieser Menschen handeln eben nicht selbstlos, wenn sie dem Partner jeden Wunsch von den Augen ablesen, denn sie erwarten im Gegenzug vom Partner, dass er sie dafür vollumfänglich glücklich macht. Schliesslich ist er ja ihr Partner! Und Partner sind dazu da, einander glücklich zu machen!"

„Ja genau! Das meine ich auch!", fährt Raoul dazwischen.

„Lass mich bitte ausreden!" entgegnet HP etwas unwirsch. „Und was passiert, wenn der Partner das Glück nicht pünktlich liefert? Oder wenn der andere das Gefühl hat, das bisschen Glück, das er bekomme, sei nicht ausreichend?"

„Dann hagelt es Vorwürfe oder der Partner wird ausgewechselt, weil das fehlende Glück doch einzig und allein auf dessen mangelhaften Einsatz zurückzuführen ist!"

Ich bin nicht wichtig.

Raoul schüttelte den Kopf und hob protestierend die Hand, doch HP wollte diese Gedanken vertiefen und fuhr unbeirrt fort:

„Das Dumme an der Geschichte ist nur, dass man dabei die eigenen Wünsche ausblendet und ihnen zu wenig Beachtung schenkt."

„Meist ist angeblich der Zeitpunkt gerade ungünstig, oder man hat andere Pläne und Verpflichtungen. Man vertagt sie auf später. Später will man dann schon auf die eigenen Bedürfnisse eingehen. Aber eben erst später, wenn alles andere erledigt ist und man gerade Zeit hat."

Raoul wird nachdenklich. Meinte HP etwa ihn mit diesen Worten?

„So vergehen unter Umständen wertvolle Jahre während denen man, meist zu Gunsten des Partners, seine eigenen Bedürfnisse zurückstellt."

„Das eigene Innere wird unten gehalten, damit man dem Partner gerecht werden kann, in der Hoffnung, vom Partner als Gegenleistung das perfekte Glück zu erhalten und so für seine Mühen belohnt zu werden."

„So übertrage ich meinem Partner die ganze Verantwortung für mein Glück. Gleichzeitig bin ich aber der Meinung sogar ein Anrecht auf die prompte Lieferung meines Glückes zu haben, denn ich hätte meinen Teil dieser Abmachung ja bereits erfüllt."

Nun kann Raoul sich nicht mehr zurückhalten und fällt HP ins Wort: „Willst du damit sagen, ich hätte einen Minderwertigkeitskomplex und hätte deshalb Bettina zu stark verwöhnt, um von ihr als Gegenleistung glücklich gemacht zu werden?"

HP entgegnet ihm nur kurz: „Das hast du gesagt!" und fährt fort:

„Es ist davon auszugehen, dass aus diesem Grund in vielen Partnerschaften Konflikte entstehen, denn es ist nicht möglich, sein eigenes Inneres lange zu unterdrücken."

„Früher oder später verlangen meine Wünsche gehört zu werden, sonst werde ich unzufrieden mit der Partnerschaft und mit meinem Leben."

Raoul tritt unruhig von einem Bein aufs andere, sagt aber nichts. Er ist sichtlich mit sich selbst beschäftigt und schaut nach innen.

„Das führt schliesslich zur grotesken Situation, dass beide die vermeintlichen Wünsche des anderen erfüllen wollen, ohne die eigenen oder die des Partners überhaupt zu kennen."

„Und beide wundern sich dann, dass der andere dies nicht großartig findet. Schliesslich fällt die Partnerschaft auseinander, weil dieser Partner es einfach nicht gebracht hat!"

„Dazu kommt noch ein weiterer Punkt:"

„Viele Menschen, die ihr Inneres unterdrücken, haben das Gefühl, es fehle ihnen gar nichts und sie seien wunschlos glücklich. Sie spüren die eigenen Bedürfnisse nicht mehr! Gleichzeitig sind sie abhängig vom Partner, weil sie sich nicht zutrauen, ohne ihn glücklich zu sein!"

„So, jetzt mach aber einen Punkt", versucht Raoul den Redefluss von HP zu unterbrechen.

„Du wolltest doch meine Geschichte hören. Also hör zu und gedulde dich etwas!"

„Als mich Käthi verlassen hatte, fiel ich in eine tiefe Depression. Ich suchte schliesslich Dr. Kraska auf. Kennst du ihn? Das ist der mit den langen Haaren. Er sieht aus wie Albert Einstein."

„Ich kann dir sagen, dieser Kraska hat mich echt genervt mit seinen Moralpredigten. Erst nach einiger Zeit war ich in der Lage über seine Worte nachzudenken. Einige Sätze habe ich deshalb aufgeschrieben."

Er kramte umständlich einen Zettel aus seiner Brieftasche, faltete ihn auseinander und las vor:

Geliebt werden ist nichts! Lieben aber alles!

„So ein Quatsch!", unterbrach ihn Raoul. „Geliebt werden ist nichts. Was soll das heissen? Geliebt werden ist doch alles! Oder etwa nicht?"

„Du hast ja recht", entgegnete Hanspeter: „Ich habe nicht umsonst gesagt, ich sei depressiv gewesen. Andererseits war da was dran."

„Es ist bestimmt sehr schön geliebt zu werden und jedermann will geliebt werden. Jeder Mensch sucht sein

Glück in der Liebe und meint, er sei nur dann glücklich, wenn er geliebt werde. Wenn eine Hand über seine Wangen streicht und ein Mund seinen Mund küsst. Das vermisste ich damals natürlich auch. Es tat so weh."

Raoul nickte still. Er konnte HP gut nachfühlen. Auch er vermisste Bettina und ihre Liebe.

„Aber in diesem Satz steckte viel mehr. Ich musste erkennen, dass die Rollen in der Liebe nicht einseitig verteilt sein sollten. Nicht, dass der Eine nur liebt und gibt und der Andere nur geliebt wird und empfängt. Oder dass der Eine sich um das Innere kümmert und der Andere um das Äussere."

Raoul wirft ein: „Da kenne ich ein Zitat: Laufe nicht dem nach, der auch ohne dich glücklich ist, sondern suche den, der ohne dich nicht leben kann! Leider weiss ich aber nicht von wem das ist."

Und er fährt fort: „Ein Gleichgewicht ist auch deshalb wichtig, weil der Liebende, sich sonst ausgenützt vorkommt. Bettina ist just in dem Moment abgehauen, wo sie an der Reihe gewesen wäre zu geben und zu lieben! Ich komme mir deshalb zu Recht geprellt vor."

„Da ist aber noch ein anderer Aspekt, bei dem wir vermutlich beide denselben Fehler begangen haben!", sinniert HP nachdenklich.

„Wir haben unser Leben für Äusserlichkeiten hingegeben, ohne uns um unser Inneres zu kümmern. Wir haben für Ruhm und Ansehen, für Geld und schöne Autos gelebt."

„Und? Was haben wir jetzt davon? Die Autos und alle anderen schönen Dinge sind geblieben, aber unsere geliebten Menschen sind weg!"

„Das trifft den Nagel auf den Kopf!", pflichtete Raoul ihm bei. „Ich sehe, du hattest viel Zeit nachzudenken seit Käthis Abgang."

Den Weg des Anderen respektieren.

„Kraska hat mir jedenfalls sehr geholfen als er mir aufgezeigt hat, dass es viele Wege gibt ein Leben zu gestalten. Ich müsse deshalb auch den Weg von Käthi respektieren."

„Zuerst war ich richtig böse auf ihn, weil er überhaupt kein Mitleid mit mir hatte. Er redete ständig vom vorwärtsschauen und von Türen, die sich auftun würden."

„Hätte ich gewusst, dass in Sachen Liebe nichts verlässlich und auch nichts selbstverständlich ist, hätte ich mich bestimmt mehr um Käthi gekümmert. Aber ich hatte zu sehr darauf vertraut, dass automatisch alles gut kommt, wenn man sich liebt."

„Ich hatte mich zu sehr darauf verlassen, dass Käthi sich um den ‚inneren' Bereich kümmert und ich mich um den äusseren. Das ging ja auch jahrelang gut, bis Käthi genug hatte von dieser ‚Arbeitsteilung' und mehr Engagement meinerseits auf der inneren Ebene verlangte."

„Um mich mehr um die ‚inneren Angelegenheiten' kümmern zu können, wäre es aber nötig gewesen, dass ich mein Innerstes und meine Wünsche besser gekannt hätte."

„Ich hätte den Draht zu meinem Innersten pflegen und auf meine eigenen Wünsche eingehen müssen. Ich hätte meine eigenen Wünsche mehr leben sollen."

„Die Pflege und Entwicklung des eigenen Inneren konnte ich nicht delegieren. Das hat nichts mit Egoismus zu tun! Es ist wie, wenn der Gärtner die Blumen nicht besorgen würde. Ohne seine Pflege kann sich niemand an ihnen erfreuen! Der Gärtner ist nicht egoistisch, wenn er die Blumen pflegt. Er tut nur seine Pflicht."

„Ja, und?" unterbricht ihn Raoul erneut. „Was willst du damit sagen? Willst du andeuten, dass alle Schuld bei dir liegt, bzw. bei uns Männern?"

„Das vielleicht nicht gerade!", sagte Hanspeter. „Aber nach den Gesprächen mit Dr. Kraska begann ich immer mehr über unsere Ehe nachzudenken. Anfangs hatte ich das Gefühl, sie sei an allem schuld".

„Ja klar! Wer denn sonst?", warf Raoul ein. „Du warst ihr doch immer ein guter Ehemann, der ihr jeden Wunsch von den Lippen abgelesen hat!"

„Also wenn du mich fragst: Dich trifft keine Schuld! Viel eher hast du sie zu stark verwöhnt und sie hat dies schamlos ausgenutzt."

„Das ist es ja gerade! Vielleicht haben ihr meine Geschenke nicht gefallen, weil sie selbst ganz andere Wünsche hatte. Solche, die ich nicht erkannte."

„Aber zumindest zu Beginn dachte ich genauso wie du und regte mich über die Worte von Dr. Kraska extrem auf. Ich wollte keine Belehrungen oder frommen Sprüche hören, sondern ich wollte Mitleid. Ich war der arme, bemitleidenswerte Ehemann, der schuldlos verlassen wurde. Ich fühlte mich als Opfer!"

„Dich trifft ganz sicher keine Schuld! Käthi hat einfach zu wenig geschätzt, was du alles für sie getan hast. Sie war undankbar und egoistisch." Warf Raoul ein.

„Bald glaube ich, dass Bettina auch nicht genug schätzt, was wir uns zusammen aufgebaut haben! Wahrscheinlich ist es ihr völlig egal, was damit nun geschieht, sonst wäre sie nicht so leichtfüssig verschwunden."

„Kraska betonte mehrmals", fuhr HP fort, „dass die Grösse der Liebe sich nicht anhand von Geschenken messen lasse, vor allem nicht, wenn diese Geschenke die Persönlichkeit des Partners zudecken und ersticken. Er behauptete ständig, ich hätte Käthi neben mir nicht leben und sich frei entfalten lassen."

„Also das stimmt nun wirklich nicht!", protestierte Raoul. „Du hast ihr völlig freie Hand gelassen. Sie konnte jeden Blödsinn mitmachen, der gerade Mode war. Denk nur an all die unzähligen Kurse". Raoul kam richtig in Fahrt. „Ich hätte ihr schon lange den Geldhahn zugedreht und sie zur Mitarbeit im Geschäft angehalten. Aber mich fragt ja keiner."

„Stimmt!", fuhr Hanspeter fort: „In jungen Jahren hatte ich mir einen Ruck gegeben und war mit ihr im Tanzkurs. Und all die anderen Kurse, die ich im Laufe der Zeit mitgemacht habe. Nichts von all dem entsprach meinen inneren Wünschen. Ich bin nur ihr zuliebe mitgegangen! Einzig Tantra fand ich noch anregend." HP schmunzelt.

„Siehst du", fällt ihm Raoul ins Wort, „dich trifft keine Schuld!"

„Aber Kraska beharrte darauf, dass ich ihr, allein schon durch meinen Lebensstil, meine eigenen Lebensvorstellungen aufgezwungen hätte."

Partnerschaft

„Ich hätte ihr Inneres nicht erkannt und es zu wenig respektiert. Und ich hätte sie mehr unterstützen müssen."

„Eine Partnerschaft sei nicht nur dazu da, um meine eigenen Bedürfnisse zu befriedigen. Der Partner sei nicht dazu da, mich seine Liebe spüren zu lassen."

„Der Partner sei auch nicht nur da, um mich das schöne Gefühl spüren zu lassen, dass ich von einem Menschen geliebt werde. Er sei nicht dazu da, mein Selbstwertgefühl aufzupolieren."

„Ich solle herausfinden, weshalb mich mein Partner liebt, denn er würde ja genau die Eigenschaften an mir lieben, auf die ich eigentlich stolz sein könne."

„Leider sei uns dies oft zu wenig bewusst. Leider erkennen wir diese guten Eigenschaften an uns oft nicht. Manchmal sind wir sogar echt erstaunt und wundern uns darüber, dass wir diese wunderbaren Eigenschaften haben sollen."

Umgekehrt seien die guten Eigenschaften und Errungenschaften des Partners seine Eigenschaften und Verdienste und ich dürfe mich nicht mit ihnen schmücken."

„Eine Partnerschaft sei dazu da, den Partner in seinem Lebensweg zu unterstützen und zu fördern."

„Das heisse, ich müsse den Partner auf seinem Lebensweg begleiten und ihn an meinen Talenten und Fähigkeiten teilhaben lassen. Wir müssten ein Team bilden und einen gemeinsamen Weg durch unser Leben finden."

„Obwohl Eigenständigkeit in der Partnerschaft sehr wichtig sei, könne es nicht das Ziel einer Partnerschaft sein, dass zwei eigenständige Personen eine gewisse Zeit lang neben einander hergehen, bevor jeder wieder seinen eigenen Weg geht."

„Das Ziel einer Partnerschaft sei es vielmehr gemeinsam Neues zu schaffen! Das könne die Gründung einer Familie sein, oder das gemeinsame Wachsen der beiden Persönlichkeiten."

„Nach diesen eher allgemeingültigen Ausführungen wurde Kraska direkter und meinte, Käthi sei vermutlich daran zu Grunde gegangen, dass ich ihr Wesen nicht erkannt hätte."

„Und er ging sogar noch weiter: Ich hätte mich zu wenig auf sie eingelassen. Ihr Abgang sei unausweichlich gewesen und vorhersehbar. Ich hätte ihr keine andere Wahl gelassen!"

„Wenn sie nicht weggegangen wäre, wäre sie neben mir verkümmert, behauptete Kraska! Sie hätte ihr eigenes Leben nicht frei gestalten können."

„Ich wehrte mich natürlich gegen diese Vorwürfe und machte ihm klar, dass ich Käthi nie betrogen hatte. Und wenn sie es gewollt hätte, hätte sie mit mir reden können über ihre Bedürfnisse. Ich hätte ihr zugehört und wir hätten bestimmt zusammen eine Lösung gefunden!"

„Aber Kraska ging auf meine Argumente überhaupt nicht ein. Nachdem wir uns ob dieser Meinungsverschiedenheiten handfest gestritten hatten, schmiss er mich aus seiner Praxis und sagte, wenn ich mir nicht helfen lasse wolle, dann sei ihm seine Zeit für mich zu schade!"

„Das ist ja allerhand!", ereiferte sich Raoul, „Wo gibt es denn sowas? Und das soll dein Arzt sein! Wie kannst du nur zu jemandem gehen, der dich nicht ernst nimmt?"

„Zuerst dachte ich: Das war's dann. Ich konnte mit diesen Sprüchen wirklich rein gar nichts anfangen. Ich sollte am ganzen Übel selbst schuld sein? Meine Frau verliess mich und ich sollte daran noch schuld sein? "

„Andererseits", fuhr HP abwägend fort, „muss ich heute sagen, dass sie damals die hochhackigen Schuhe vermutlich nur mir zu liebe getragen hat. Es war nicht ihre Welt. Du kennst sie ja. Solche Schuhe passten nicht zu ihr."

„Früher habe ich das nicht gesehen. Aber wenn ich jetzt zurückschaue, glaube ich, es war fast eine Beleidigung, ihr solche Sachen zu schenken. Sie zielten so an ihrer Persönlichkeit vorbei, dass es ihr direkt wehtun musste."

„Und trotzdem", fällt ihm Raoul erneut ins Wort, „trifft dich keine Schuld!"

„Sie musste das Gefühl bekommen, ich wolle sie verändern und zu einer Dame der High-Society machen. Sie musste glauben, ich würde ihre Art nicht schätzen. Ich würde ihre Persönlichkeit nicht akzeptieren."

„Sie musste glauben, sie sei, so wie sie war, nicht gut genug für mich. Es war meine Welt, die ich ihr unbemerkt und unbeabsichtigt übergestülpt hatte. Bestimmt hat sie darunter sehr gelitten und ist deswegen gegangen!"

Raoul meint nachdenklich: „Du glaubst also, du hättest ihr deine Stiefel angezogen und die hätten nicht gepasst? Du hättest sie zu ändern versucht und sie nicht so akzeptiert, wie sie war? Du habest ihre Art zu wenig gewürdigt und ihr zu wenig Raum gelassen? Und deshalb habe sie sich deinem Einfluss entzogen?"

„Meinst du wirklich, das sei der Grund für ihren Abgang? Du hast es doch immer gut gemeint bei allem, was du getan hast. So wie ich auch."

„Ja, das stimmt. Ich wollte sie einfach glücklich sehen! Ich wollte sehen, wie ihre Augen strahlten vor Glück! War das zu viel verlangt? War das eine Manipulation ihres Charakters?"

„Und warum hat Käthi nie etwas gesagt? Warum hatte sie mich einfach auflaufen lassen, ohne mir zu erklären, dass ich auf der falschen Schiene fahre?"

Raoul wurde immer ruhiger und überlegte. Plötzlich fragte er: „War es denn falsch, sie glücklich sehen zu wollen? Auch ich wollte, dass Bettina glücklich ist. Mir ist immer noch nicht klar, was daran falsch sein soll!"

„Jedenfalls wurde Käthi immer unzufriedener und zickiger. Ständig nörgelte sie herum. Jede Kleinigkeit wurde zum Anlass genommen, einen ganzen Abend mit Gezeter zu füllen. Einmal war es das Hemd, das nicht ordentlich am Bügel hing, dann die Pantoffeln, welche sie unter dem Bett gefunden hatte, usw."

„Die Romantik wurde auf den Hochzeitstag verschoben. Und wehe, wenn an diesem Tag ein wichtiger Geschäftstermin dazwischenkam. Dann war erst recht Feuer im Dach!"

Von der Pflicht, glücklich zu sein

Hanspeter ereiferte sich: „Und dann noch dieser Kraska mit seinem Gefasel vom Glück, und dass jeder seines eigenen Glückes Schmied sei! Der konnte mir den Buckel runterrutschen! Sowas brauchte ich nun wirklich nicht."

„Kraska legte sogar noch einen drauf als er meinte: Es gibt eine Pflicht, glücklich zu sein! Dazu sind wir auf der Welt."

„Zusammen mit seinem anderen Spruch, wo jeder für sein Glück selbst verantwortlich sein soll, fiel mir dazu nur eine einzige Lösung ein: Bestimmt war es einfacher, allein glücklich zu sein! Sehr einleuchtend. Allein! Einfach allein. Partner machten alles nur kompliziert!"

„Allein müsste ich keine Erwartungen erfüllen, müsste nicht Blumen bringen zur Wiedergutmachung, ohne mir überhaupt einer Verfehlung bewusst zu sein."

„Allein könnte ich tun und lassen, was mir passt. Ich könnte mir jederzeit den Match am TV ansehen, mit den Füssen auf dem Clubtisch und dem Bier in der Hand."

„Ich müsste keine Kurse besuchen, die mir nicht liegen. Ich könnte Zeitung lesen. Ich müsste nicht ständig Bescheid geben, wenn ich abends noch arbeiten möchte. Keine vergessenen Geburtstage, Hochzeitstage und dergleichen."

„Ich könnte einfach leben! Frei, ganz nach meinem Gusto! Und alles ohne Vorwürfe oder Gejammer!"

„Ein solches, freies, Leben schien mir plötzlich das perfekte Glück zu sein. Gerne wollte ich daran noch etwas schmieden!"

„Wie du siehst, wird es eine lange Geschichte. Aber du hast bestimmt Zeit, Raoul, oder?"

„Ja spannend, erzähl bitte weiter. Ich hör dir gerne zu!" meinte Raoul geduldig und dachte bei sich: „Genau wie bei mir! Er spricht aus, was ich denke!".

Hanspeter fuhr fort: „Obwohl ich glaubte, die Lösung für mein Glück gefunden zu haben, dachte ich doch immer wieder an Kraskas Worte."

„Einerseits hatte ich tausend Einwände dagegen. Und den logischen Schluss des Allein-lebens wollte mein Herz nicht akzeptieren. Es wehrte sich vehement gegen die Idee des Einzelgängers. Mein Herz wollte nicht auf Liebe verzichten. Nicht dauerhaft."

„Und irgendwie hatte ich sowieso das Gefühl, dass Kraska es anders gemeint haben könnte, als ich vermutete. Obwohl das Alleinsein für mich rational die einfachste Lösung gewesen wäre, liess ich es nicht bei dieser Idee bewenden, sondern versuchte weiter den Sinn von Kraskas Worten zu verstehen."

„Sehr interessant, was du da erzählst", meinte Raoul. „Für mich stimmt das aber überhaupt nicht. Ich möchte nicht allein sein! Ich wünsche Bettina zurück und möchte den Lebensabend mit ihr verbringen. Ich liebe sie und habe sie geheiratet, um mit ihr zusammen sein zu können und nicht um ihre Sexabenteuer zu finanzieren oder ihr Selbstbewusstsein aufzupolieren."

„Hör zu! Jetzt kommt's", fuhr Hanspeter fort: „Ich ging nochmals zu Kraska."

„Was zu dem? Was wolltest du denn noch dort? Hast du ihm ordentlich die Leviten gelesen? Oder die Rechnung vor die Füsse geknallt?"

Glücklich zu sein ist eine Lebensaufgabe

„Nein, Raoul, ich habe ihn gefragt, wie er das gemeint habe mit dem Glück. Ob wir wirklich für unser Glück selbst verantwortlich seien und wie das denn konkret gehe in einer Ehe. Da könne es doch vorkommen, dass der Partner das Glück störe."

„Genau! Und dann?", drängte Raoul ungeduldig.

„Kraska meinte, wir müssten eine Menge Vorarbeit leisten, bevor wir bereit seien für einen Partner. Würden wir das nicht tun, sei das Scheitern vorprogrammiert. So war auch sein Spruch über ‚die Pflicht glücklich zu sein' gemeint. Er betonte, dass diese Vorarbeiten das ganze Leben hindurch andauern würden. Salopp gesagt: „Glücklich zu sein ist eine Lebensaufgabe!"

„Kraska propagiert also das Single-Leben", meinte Raoul. „Aber wenn wir uns das ganze Leben auf eine Partnerschaft vorbereiten sollen wird die Zeit für eine Beziehung schliesslich knapp. Wozu sollen wir uns auf etwas vorbereiten, das kaum stattfinden wird?"

„Darauf ging Kraska nicht weiter ein. Aber er erklärte mir, es brauche eine gewisse Stille, um in sich hinein horchen zu können und um den Ruf des Herzens zu hören."

„Meistens sei dieser Ruf ganz leise und kaum hörbar, weil er seit vielen Jahren durch allerlei äusseres Getöse zugedröhnt werde. Zu diesem Lärm seien auch die Erwartungen des Umfeldes zu zählen. Damit sind natürlich auch die Partner gemeint."

Und weiter: „In unserem Herzen sei der Weg, den wir gehen und das Ziel, das wir erreichen sollten, vorgezeichnet. Um aber dahin vordringen zu können, müssten wir zuvor eine Menge Erziehungsmüll wegräumen. Denn die Erziehung habe unser Verhalten geprägt und stimme leider nur selten mit den Vorgaben unseres Herzens überein."

„Aber ohne zum Programm unseres Herzens vorzudringen, könnten wir nicht richtig lieben und somit auch nicht glücklich werden."

„Dies sei so, weil wir stets eine innere Unruhe spüren würden, sobald wir vom Weg des Herzens abkommen. Wir würden dann so lange suchen, bis wir den rechten Weg und damit unser Glück gefunden, bzw. das Ziel erreicht hätten."

„So wie das tönt, haben wir scheinbar nie eine echte Chance glücklich zu werden!", wirft Raoul ein.

„Leider verstand ich es auch nicht", fuhr Hanspeter fort, „so dass Kraska zünftig ausholen musste. Er fasste alles noch einmal zusammen und betonte, dass ‚mit der Pflicht glücklich zu sein' und mit der Feststellung, dass ‚jeder seines eigenen Glückes Schmied' sei, eigentlich dasselbe gemeint sei."

„In beiden Sätzen stecke die Aufforderung, an sich zu arbeiten und herauszufinden, worin die eigene Lebensaufgabe bestehe. Wir müssten herausfinden wohin der Weg des Herzens führe und worin unser Glück bestehe."

„Gleichzeitig seien diese Merksätze auch eine Ermunterung, nicht zu sehr auf äussere Erwartungen Rücksicht zu nehmen und zu lernen den eigenen Weg zu gehen."

„Kraska fügte noch an, dass Glück nicht unbedingt mit einer Partnerschaft in Verbindung stehe. Glücklich könne man genauso gut allein sein, aber eben auch zu zweit."

„Generell gelte, dass man umso glücklicher sei, je näher man sich am eigenen Herzen bewege und je mehr man dieses spüre. Das sei unabhängig von einem Partner!"

„Meistens sei man umso glücklicher, je weniger Erwartungen man hege und je mehr die eigenen Wünsche der Realität entsprechen! Und daran müsse man arbeiten, sein Leben lang!"

Wünsche der Realität angleichen!

„Man müsse aufpassen, dass man nicht darauf hoffe, dass die Realität den Wünschen immer näherkomme. Vielmehr sei es umgekehrt: Wir müssten daran arbeiten, dass sich unsere Wünsche immer mehr der tatsächlichen Realität angleichen."

„Unmögliches bleibt unmöglich! Oder anders gesagt: Unrealisierbare Wünsche sollten fallen gelassen, dafür mehr Kraft in realisierbare Wünsche investiert werden!"

„Es sei unsere Aufgabe, genau hinzusehen, was für Wünsche wir in uns tragen, bevor wir uns daran machen, sie zu verwirklichen. Dabei gelte immer, dass Wünsche, die nahe an unserem Herzen und dessen Zielen liegen, am ehesten Aussicht auf Erfolg hätten. Nur solche Wünsche würden uns glücklich machen!"

„Er nannte dazu ein Beispiel: Wenn ein Schwarzer in Amerika davon träumt, ein Weisser zu werden, dann wird er an diesem Wunsch scheitern. Wenn er sich aber im Grunde genommen nur wünscht, den gleichen, grossen Wagen zu besitzen, wie sein weisser Nachbar, dann wird er auch einen Weg finden, sich diesen Wunsch zu erfüllen."

„Dazu gäbe es noch einiges zu sagen", meint Raoul, „aber möchtest du nicht in der Loggia, unten am See, weiterreden? Es ist Vollmond heute und so herrlich warm. Nimmst du noch ein Glas Wein? Ich stell noch rasch eine weitere Flasche in den Kühler. Schmeckt er dir? Du, der ist gar nicht teuer und doch zählt er zu meinen Lieblingsweinen. Für so einen lauen Sommerabend wie heute ist er wie geschaffen. Nicht zu trocken, leicht süss, echt bekömmlich."

Sie schlenderten mit ihren Gläsern quer über den Rasen zum See hinunter. Den neu angelegten Weg liessen sie unberührt. Hanspeter liess sich auf das breite, mit Kissen ausgelegte, Bettsofa sinken, streckte sich und seufzte: „So lässt sich's leben! Du hast es wirklich schön hier. Schau, wie der Mond sich spiegelt auf dem See! Und wie es glitzert, wie tausend silberne Sterne! Traumhaft!"

„Ja du hast Recht. Es ist wirklich traumhaft hier. Aber lass uns bitte von etwas anderem reden. Ich mag nicht mehr und es ist schon spät."

Und HP entgegnete: „Stimmt, jetzt merke ich es auch, mir fallen demnächst die Augen zu. Ich werde nicht mehr lange bleiben, sonst schlafe ich noch in deiner Loggia ein. Es ist so entspannend und ruhig hier"

„Ok, warte, ich hole uns ein paar Decken, dann sind wir vorbereitet."

Als Raoul mit den Decken unter dem Arm wieder zurückkam, war HP bereits eingeschlafen. Raoul deckte ihn sorgfältig zu, wie er es jeweils bei Bettina gemacht hatte und legte sich, ebenfalls in Decken gehüllt, neben ihn. Platz war ja genug für zwei. Trotz des belastenden Themas, schliefen beide friedlich und entspannt bis zum frühen Morgen.

Gemütliches Erwachen in der Loggia

HP erwachte als Erster und schaute sich verwundert um. Die Vögel hatten ihn geweckt. Es war erst halb 6 Uhr morgens und er fühlte sich trotzdem ausgeruht und frisch.

Für ihn war das eine völlig neue Erfahrung, denn er war es nicht mal gewohnt bei offenem Fenster zu schlafen, geschweige denn im Freien! Zu Hause war alles klimatisiert und zwangsbelüftet im Minergie-Standard.

Er sog den taufrischen Morgen tief in seine Seele hinein, schaute der erwachenden Natur zu, hörte das leise Pfeifen der Vögel und lauschte dem feinen Wellenschlag des nahen Ufers.

Er schätzte es sehr, nicht allein zu sein. Er lag einfach ruhig da und gab sich seinen Gedanken hin. Er rührte sich nicht, um Raul nicht aufzuwecken. Er wollte diese Idylle auf keinen Fall stören mit weiteren Gesprächen wie gestern Abend. Aber so wie es derzeit ausschaute, würde Raoul in nächster Zeit noch nicht aufwachen.

Er hatte den Morgen für sich. In einer Loggia direkt am Ufer des Vierwaldstättersees liegend hatte er das ganze Glück für sich allein.

Wie hatte sich sein Leben doch verändert in den letzten Monaten! Noch vor nicht allzu langer Zeit hatte er geglaubt, nie mehr zufrieden und glücklich werden zu können. Und jetzt lag er ruhig auf dem Bett und schaute voller Glück in den Himmel. Er spürte sein Herz friedlich schlagen. Es schien ihm zu zurufen: Siehst du, das habe ich gemeint. Das ist Glück!

HP wagte nicht sich zu bewegen oder aufzustehen. Also begnügte er sich damit, den Schwänen bei ihrer Morgentoilette zuzusehen.

Welche Grazie diese Tiere doch hatten! Die Zeit verging wie im Fluge. Sie schienen einem vorgegebenen Schema zu folgen. Und schliesslich stieg einer nach dem anderen aus dem Wasser und watschelte in seine Richtung. Wollten die was von ihm? Frühstück?

Es wurden immer mehr und schliesslich war die ganze Loggia voller Schwäne. Sie zupften an seinem Hemd und an seiner Hose. Aber eben auch an Raouls Decke. Er erwachte und begann zu lachen. „Die suchen Bettina. Sie hatte immer was dabei für die Schwäne. Leider habe ich gestern nicht daran gedacht. Ich gehe rasch nach oben und hole was für sie."

Raoul stand auf und schlenderte den Weg entlang zu seinem Haus. Er hatte es überhaupt nicht eilig. Die friedliche Morgenstimmung schien auch ihn erfasst zu haben.

HP versuchte unterdessen einen der Schwäne zu streicheln. Aber Hoppla! Ehe er seine Hand recht ausgestreckt hatte, wurde er schon gebissen. Handzahm waren sie also nicht, wenn auch sehr zutraulich. Aber eben nur soweit, wie sie selbst wollten. Sie liessen nicht alles mit sich machen.

HP dachte über seine Beobachtung an den Schwänen nach und kam zum Schluss, dass er sich an ihnen ein Vorbild nehmen könnte. Sie waren unabhängig, selbstbewusst und ein in sich ruhendes Kunstwerk der Natur. Sie tanzten nicht nach jedermanns Pfeife und erfüllten nicht ängstlich jeden Wunsch von anderen. Und trotzdem waren sie begehrenswert und schön.

Nach knapp zehn Minuten kam Raoul mit einem Tablett zurück. „Ich habe gleich etwas Kaffee gemacht und einige Brötchen dazugelegt. So haben wir auch etwas, nicht nur die Schwäne."

Nun kam plötzlich Unruhe unter den Schwänen auf. Jeder wollte ganz vorne, ganz nahe am Tablett sein, wo die feinen Brötchen waren. Raoul und HP hatten alle Hände voll zu tun.

So waren sie einige Zeit beschäftigt mit füttern und zusehen, wie die anmutigen Tiere sich über das Futter hermachten.

Manchmal hatte HP das Gefühl, sie würden sich darum streiten, wer den nächsten Brocken bekommt. Und immer sah es aus, wie wenn es um den letzten Krümel gehen würde. Dabei war doch genug da.

Dies alles spielte sich ohne ein Wort ab. Man hörte nur das Gurren und Mampfen der Tiere, bis HP fragte: „Hast du noch ein Stück?" Da mussten beide lachen. Sie hatten unbemerkt ihr ganzes Frühstück verfüttert. Einzig ein Schluck Kaffee war ihnen noch geblieben.

„Wollen wir unser Frühstück auf der Terrasse nehmen?", fragte Raoul. Aber HP wollte lieber noch etwas am See bleiben.

„Frühstücken können wir noch den ganzen Tag, aber so schön und gemütlich wie hier und jetzt ist es selten!"

Dem musste Raoul beipflichten und so machten sie es sich nochmals bequem. Schweigend lagen sie neben einander und liessen die Ruhe der Morgenstimmung auf sich wirken.

Trennung als Chance

Beide hingen ihren Gedanken nach und dösten vor sich hin. Erst nach gut zwei Stunden, es war gegen halb neun Uhr, unterbrach Hanspeter die Stille und fragte, ob er noch was sagen dürfe, was ihn beschäftige.

„Nur zu!", ermunterte ihn Raoul.

„Dr. Kraska sagte am Anfang unserer Besprechungen einmal, dass sich nun viele Türen öffnen würden und meinte damit, dass ich viele neue Möglichkeiten hätte."

„Mir waren diese vielen Türen aber gar nicht geheuer! Ich hätte lieber nur eine einzige zur Auswahl gehabt."

„In meinen Albträumen irrte ich ganze Nächte lang in diesem geheimnisvollen Korridor umher und fand mich nicht zurecht."

„Ich konnte doch nicht jede einzelne Türe ausprobieren. Das hätte Jahre gedauert. Ich hatte keine Ahnung welches die richtige sein könnte. Guter Rat war teuer, denn ich wollte nicht blindlings vorwärtsstürmen."

„Da kann ich dir auch nicht helfen!", gestand Raoul.

„Schliesslich blieb mir nichts anderes übrig als Zeit zu gewinnen. Vielleicht gab es mehrere richtige Türen. Oder waren eventuell sogar alle richtig? Hielt das Leben mehr als eine gute Möglichkeit für mich bereit?"

„Offenbar musste ich mich nicht sofort entscheiden, sondern nur bereit sein, das anzunehmen, was das Leben mir anbot."

„Ich erinnerte mich daran, dass Kraska mal wie nebenbei gesagt hatte, ich könne es nicht zwingen und solle meiner Zukunft Gelegenheit geben, an mich heranzutreten. Ich müsse Vertrauen haben und loslassen."

„Also liess ich es einfach träumen und hoffte, dass die Lösung irgendwann mitgeliefert werde. Und heute sind die Träume weg."

„Und? Hast du nun eine Lösung?", fragte Raoul.

„Nicht direkt. Ich studiere einfach nicht mehr über das Vergangene nach. Ich habe die Vergangenheit losgelassen."

„Heute glaube ich, dass diese Trennung mir neue Chancen eröffnet und halte deshalb täglich die Augen offen. Ich versuche, nichts zu übersehen und keine Chance ungenutzt zu lassen!"

„Gleichzeitig kommt es mir vor, wie wenn nun plötzlich alle Türen offen stünden und mir einen Blick in die Zukunft gewähren würden."

„Täglich arbeite ich daran herauszufinden, welches mein Weg sein könnte, mein ganz persönlicher Weg zum Glück. Irgendwann werde ich die richtige Türe finden, da bin ich mir sicher."

„Meinst du, dass diese Träume von deinem Inneren stammten?", fragte Raoul, „Dass dein Herz zu dir gesprochen hat?"

„Ja, ich glaube schon", fuhr HP fort. „Heute bin ich sicher, dass mein Herz mir diese Träume geschickt hat. Ich brauchte mich nur auf sie einzulassen und sofort ging es mir besser. Ich wurde viel ruhiger."

„Plötzlich war all mein Selbstmitleid verschwunden und ich begann wieder nach vorn zu blicken. Ich fühlte mich wieder sicher auf meinem Weg und ich wurde neugierig auf alles was mir mein Leben noch bringen würde!"

„Deshalb bin ich heute auch davon überzeugt, dass diese Trennung gut war für uns Beide und dass wir beide davon profitierten. Das machte es mir auch viel leichter Käthi zu verstehen und ihr zu verzeihen.

Verzeihen und Loslassen

Dabei gab es gar nichts zu verzeihen, denn die Trennung war für Beide ein Gewinn. Heute kann ich es annehmen, kann den Schmerz als notwendiges Übel akzeptieren, wie bei einer Geburt."

„Offenbar öffnet Schmerz neuen Erkenntnissen und Entwicklungen die Türen. Ohne diese Trennung und ohne diesen Schmerz wären wir heute immer noch in der Pattsituation von damals gefangen und kämen nicht weiter."

„Und mit dem Verzeihen und Annehmen der Situation, liess auch mein Groll nach. Er fiel von mir ab wie Blätter im Herbstwind."

„Ich spürte, dass ich zuvor nicht nur auf Käthi grossen Groll hegte, sondern auch auf mich und grosse Teile meines bisherigen Lebens."

„Meine Seele spülte jede Menge alter Geschichten an die Oberfläche, an die ich seit Jahren nicht mehr gedacht hatte. Ich musste lernen, dass auch diese ungeliebten Teile zu mir gehörten und dass ich bei weitem nicht so perfekt war, wie ich geglaubt hatte."

„Aber je länger ich diesem Fallen der Blätter zusah, desto besser ging es mir und desto leichter wurde mein Leben."

„Ich nahm mich selbst weniger wichtig. So konnte ich den Tag nehmen wie er kommt und gespannt nach vorn blicken, was er mir heute wohl bringen würde!"

„Meinst du, das sei bei mir auch so?", kommt es zögernd aus Raouls Ecke. „Funktioniert das bei mir auch? Einfach einen Schritt zurücktreten und das Leben läuft wieder rund?"

Hanspeter nickte. „Bei mir hat es funktioniert. Mehr kann ich nicht sagen. Aber im Prinzip sollte es bei jedem Menschen funktionieren."

„Aber ich träume nie! Wie soll ich denn auf mein Herz hören können ohne Träume?", wirft Raoul ein. „Ich fühle mich so hilflos. Mein Herz spricht nie zu mir!"

„Ach du Armer! Mir kommen gleich die Tränen! Du bist doch sonst nicht so unbeholfen. Du hast doch immer für alles ein Mittel bereit und bist nie um eine Antwort verlegen. Also was soll das Gejammer? Mit Selbstmitleid kommst du nicht weiter, das ist sicher!"

„Überhaupt muss ich jetzt gehen. Ich wollte noch zum Markt nach Luzern und der schliesst am Mittag." HP erhob sich von der Liege. „Frühstück nehme ich dann dort. Oder möchtest du mitkommen?"

„Nein danke! Ich bin jetzt nicht in Stimmung!", entgegnete Raoul. „Aber ich begleite dich noch bis zur Türe."

Die beiden Männer schlenderten zurück zur Terrasse und betraten das Wohnzimmer.

Annehmen des Unabänderlichen

Da fragte Raoul unvermittelt: „Du, was macht eigentlich Käthi? Hast du überhaupt noch Kontakt zu ihr?"

„Ja, ich habe immer noch Kontakt", antwortete Hanspeter. „Zwangsläufig, denn sie kommt immer wieder vorbei und holt mal dies und mal das. Sie hat die ganzen Winterkleider noch bei mir, aber auch grosse Teile von ihrem Schmuck und alle eleganten Schuhe. Alle diese schönen Sachen, die ich ihr über die Jahre geschenkt hatte, liess sie hier. Sie hat sie wohl nie richtig geschätzt und angenommen. Deshalb fiel es ihr auch leicht sich davon zu trennen."

„Ich glaube, sie braucht einen Vorwand, um immer wieder bei mir hereinschauen zu können. Bestimmt wollte sie sehen, wie es mir geht. Vielleicht machte sie sich Sorgen."

„Vor allem in meiner depressiven Phase kam sie regelmässig wegen irgendeiner Kleinigkeit vorbei. Ich fand das rührend, wie sie sich um mich sorgte. Andererseits tat es auch weh und warf mich jedes Mal wieder zurück in meinem Ablösungsprozess. Ich begann stets wieder zu hoffen, dass sie zurückkehren würde."

„Hat sie denn einen anderen?"

„Ich glaube nicht. Jedenfalls hat sie nie etwas in der Richtung gesagt. Heute wäre es mir auch egal. Aber damals war ich noch nicht so weit."

„Ich litt jedes Mal schrecklich, wenn sie wieder wegging. Und ich war eifersüchtig auf alles. Auch darauf, dass es ihr gut ging und mir nicht. Damals glaubte ich ja immer noch, dass sie an allem schuld sei."

„Schliesslich gab ich ihr einen Schlüssel und bat sie, mir eine SMS zu schicken, wenn sie im Sinn habe vorbeizukommen. So konnte ich mich rechtzeitig verdrücken und musste ihre Anwesenheit nicht länger ertragen. Heute kommt sie viel seltener und alles ist ruhiger geworden."

„Dieses ewige Hin und Her hat mich sehr belastet. Hoffnung, Enttäuschung, Frustration, Depression, dann wieder Hoffnung, usw. Jetzt geht es mir besser und ich beginne über eine Scheidung nachzudenken".

„Sie versucht nun auf eigenen Füssen zu stehen und hat eine Praxis für alternative Heilmethoden eröffnet. Dort bietet sie allerlei an, zum Beispiel Reiki, Shiatsu und natürlich konventionelle Massagen und Akupunktur. Es war immer schon ihr Wunsch alternativ zu arbeiten in einer eigenen Praxis. Das ist ihre Welt. Sie ist regelrecht aufgeblüht".

„Du sprichst über sie, wie wenn sie deine neue Eroberung wäre! Wie wenn du frisch verliebt wärest. Alles Rosarot. Fehlt sie dir sehr?"

„Ja und nein! Sie fehlt mir, das muss ich ehrlich zugeben. Ich denke fast jeden Tag an sie. Manchmal in Liebe, gelegentlich auch noch mit Wut."

„Dann denke ich jeweils, dass sie ihren Traum auch mit mir zusammen hätte verwirklichen können. Ich hätte nichts gegen eine solche Praxis gehabt. Sie hätte alles tun dürfen, was ihr Freude macht. Mein Wunsch wäre gewesen, sie glücklich und zufrieden zu sehen."

„Aber inzwischen hat meine Wut auf sie nachgelassen. Sie ist nur noch eine Erinnerung. Wenn ich an sie denke, verläuft dies absolut schmerzlos. Es steckt keine Energie mehr darin. Sobald es ihr gutgehen durfte, ging es auch mir besser! Das Annehmen der Situation brachte mir Frieden!"

Raoul kratzte sich am Kopf, sagte aber nichts.

Man gönnt sich ja sonst nichts!

„Ich begann mein Schneckenhaus zu verlassen und erkundete mein neues Leben. Ich ging mal in die Stadt einkaufen. Besuchte allein ein Restaurant und einmal sogar eine Bar. Ich kam mir allerdings etwas blöd vor unter all diesem jungen Gemüse. Und dann die Musik! Die besteht heute ja nur noch aus drei Tönen, dazu etwas Bass und ein Schlagzeug. Da lobe ich mir doch unsere Zeit mit den Beatles, Bob Dylan oder den Rolling Stones. Das war noch Musik! Die höre ich heute noch gern, auch fünfzig Jahre danach. Im Gegensatz dazu wird der Lärm von heute wohl kaum dieses Monatsende überstehen."

„Ich glaube, es wäre eine Marktlücke ein Lokal aufzumachen für Leute wie unsereins mit guter Musik und bequemen Sesseln. Etwas Blues oder Soul, nicht zu laut, so dass man sein eigenes Wort noch verstehen kann. Dazu einen kühlen Caipirinha und gedämpftes Licht. Vielleicht noch mit Terrasse und schöner Aussicht über die Stadt und in die Berge. Sowas würde bestimmt ein Erfolg werden, denn unsereins ist doch das Zielpublikum mit Geld, das nicht nur eine Cola trinkt während des ganzen Abends."

Raoul wirft ein: „Da komme ich auch mit! Rufst du mich an, bitte?"

„An einem solchen Ort könnte ich auch meinen Horizont etwas erweitern. Käthi war ja meine erste Frau. Fast reut mich die Zeit, die ich mit ihr vertan habe. Aber lassen wir das! Ich glaube, ich gehe jetzt besser. Genug geredet!"

Hanspeter war inzwischen an der Türe angelangt und hatte die Klinke schon in der Hand. „Du, ich wollte dir schon gestern was zeigen!" Er öffnete die Haustüre und da stand sie in der Sonne und glänzte. Voller Stolz zeigte HP auf seine chromglänzende Maschine. Es war kein gewöhnliches Motorrad, sondern eine BMW R50 mit Steib Seitenwagen, Baujahr 1958!

Jetzt war Raoul hellwach: „Das ist ja ein Ding! Super, so schön!" Er ging gleich zweimal um die Maschine herum und blieb dann vor ihr stehen.

„Wo hast du die denn her? Und noch mit Seitengespann. Ein echter Oldtimer! Phantastisch! Schaut aus wie neu. Alles blitzblank! Traust du dich damit überhaupt aus dem

Haus? Musstest du vieles erneuern? Oder ist alles noch original? Kriegt man überhaupt noch Ersatzteile? Oh, schau! Die Handleiste für den Beifahrer ist auch noch wie neu und wie ihr Chromstahl glänzt, unglaublich! Und die Stossstange hat keinen einzigen Kratzer. Das ist eine Wucht! Es ist bestimmt ein wahnsinniges Gefühl mit dieser Maschine an der Seepromenade entlang zu tuckern. Um Aufmerksamkeit musst du dich nicht sorgen. Komm lass mal den Motor hören!"

Raoul war ganz aus dem Häuschen, als Hanspeter den Motor startete. Bereits im Leerlauf ertönte der typische, tiefe BMW-Sound. „Das ist Musik!" schwärmt er, „Da können die modernen, hochgezüchteten Kawasakis und all die anderen lärmigen Asiaten einpacken. An diesen Sound kommt keiner ran!"

Und HP meint: „Da kann man sogar noch spät nachts nach Hause fahren, ohne eine Busse zu riskieren wegen Nachruhestörung. Ich bin glücklich mit ihr und hoffe natürlich mal die eine oder andere Beifahrerin für eine Bummelfahrt überreden zu können!" Und schon tuckert er los, dem Tor entgegen.

„Genau!" ruft Raoul ihm nach. „Man gönnt sich ja sonst nichts! Also tschüss! Bis bald! Hat mich gefreut."

Raul schliesst die Türe ab und geht in die Küche, um sich ein kleines Frühstück zu machen. Er wollte nicht zu viel essen wegen der Linie.

Ihm schwirrten immer noch Teile der letzten Gespräche durch den Kopf. Was hatte HP gesagt? „Einfach das Schicksal annehmen wie es ist und alles wird besser"? Aber er konnte doch nicht zu allem ja und amen sagen! Da hätten ja alle mit ihm machen können was sie wollten! Und er hätte noch dankbar mit dem Kopf genickt? Nein, das konnte nicht die Lösung sein. Da würde er sich blöd vorkommen. Nein, so nicht!

Der Infarkt

Nach einem kleinen Imbiss stieg er die Treppe hoch ins Badezimmer. Als er am Doppellavabo stand, fiel sein Blick auf die linke Seite des Waschtisches. Gähnende Leere! Von Bettina bei ihrem Auszug leergeräumt. Ihm kamen die Tränen. Keinen einzigen Lippenstift hatte sie zurückgelassen.

„Die kommt nie mehr zurück!", dachte er bei sich. Er wurde immer trauriger und die Tränen rannen ihm in Strömen über die Wangen.

Was hatte er denn falsch gemacht? Warum war sie fort? Warum ging sie einfach weg und liess ihn hier zurück, obwohl sie wusste, dass er leiden würde? Warum tat sie ihm das an? Warum nur? Hatte sie ihn nie geliebt? Hatte er ihr nichts bedeutet? Vielleicht hatte sie ihn schon vergessen!

Sein Herz krampfte sich zusammen. Er bekam kaum noch Luft. Er spürte einen wahnsinnigen Druck in der Herzgegend. Sein Brustkorb wurde zusammengedrückt, wie gefangen in einem Schraubstock. Dieser vernichtende Schmerz konnte nichts Gutes bedeuten. Seine Beine wurden schwach. Alles drehte sich.

Sein Kopf schlug auf der Badewannenkante auf. Dann war plötzlich Ruhe. Es wurde dunkel. Er spürte nichts mehr. Keinen Schmerz.

* * *

Ihn fröstelte. Er öffnete die Augen und blickte direkt in die Spotlampe über ihm. Er fühlte sich ganz komisch, halb benommen. Zuerst wusste er gar nicht, wo er sich befand. Dann wurde ihm langsam klar, dass er beim Zähneputzen irgendwie gestürzt sein musste. Er tastete vorsichtig an seinen Hinterkopf und fand eine grosse, schrecklich blutende Wunde.

Nun erinnerte er sich an den Druck in der Herzgegend und wie er ohnmächtig geworden war. Da hatte er ja noch mal Glück gehabt, dass nichts Ernsthaftes passiert war! Aber was sollte er jetzt tun? Auf jeden Fall konnte er nicht so liegen bleiben. Andererseits wollte er auch nicht, dass ihn jemand mit den verpissten Hosen sieht. Und dann das Blut überall. Und es blutete weiter. Er blutete wie ein Schwein. Er wollte aufstehen. Aber da kam gleich wieder dieser ekelhafte Druck im Brustkorb. Diesmal noch stärker als vorher. Er musste sich wieder hinlegen. Er schaffte es nicht aufzustehen.

Jetzt kam ihm erstmals der Gedanke, dass etwas mit seinem Herzen nicht in Ordnung sein könnte. Aber da war doch noch nie etwas. Wieso gerade heute? Jetzt wo er allein war?

Er zerrte das Handtuch von der Stange am Waschbecken und band es sich um den Kopf, so dass der Hinterkopf bedeckt war. So konnte er wenigstens diese blöde Blutung etwas eindämmen. Er musste es schaffen ins Schlafzimmer zu kriechen, um zum Telefon zu gelangen. Er wollte die Sanität anfordern.

Er musste es wagen. Er hatte keine andere Wahl. Entweder im Badezimmer liegen bleiben und auf den ungewissen Ausgang warten….

Dazu war er aber noch nicht bereit. Sterben wollte er nicht. Er war ein Kämpfer und deshalb wollte er nicht aufgeben. Schon gar nicht, wenn es um Leben und Tod ging!

Also los! Kriechen. Wozu sonst hatte er das im Militär geübt? Schon damals hatte ihm der Korporal eingeschärft, kriechen könne lebensrettend sein. Das schien sich nun zu bewahrheiten.

Zum Glück waren es nur wenige Meter bis zum Nachttisch mit dem Telefon. Er wählte die Nummer 112. Von seinen Reisen her kannte er die internationale Notrufnummer. Er vermutete, dass sie auch in der Schweiz gelte und prompt meldete sich eine kompetent erscheinende Stimme.

Er musste nach Atem ringen. Diese kurze Strecke hatte ihn regelrecht geschafft. Er keuchte seinen Namen ins Telefon und sagte, etwas stimme nicht mit seinem Herzen. Er sei ohnmächtig geworden und habe sich den Kopf aufgeschlagen. Es blute wie verrückt. Der Beamte am Telefon fragte ihn nach seiner Adresse und versprach, sofort jemanden zu schicken.

Raoul kroch in sein Bett und legte sich so hin, dass er nicht alles mit Blut verschmierte. Ganz liess es sich aber nicht vermeiden.

Er streckte sich in seinem Bett aus und entspannte sich ein wenig. Sein Herz tat immer noch weh, wenn auch weniger stark. Eine Zeit lang hatte er befürchtet, es nicht zu schaffen.

Nahtoderfahrung

Er meinte zu träumen. Plötzlich sah er sich von oben. Er sah sich selbst mit geschlossenen Augen und blutverschmiert auf dem Bett liegen. Er hatte das Gefühl, an der Decke zu kleben. Er konnte von da oben sich selbst beobachten, wie wenn er ein anderer gewesen wäre. Es sah aus wie das Bild einer Überwachungskamera, nur farbig.

Es bestand kein Zweifel: Er sah sich selbst da unten im Bett liegen und er sah das ganze Schlafzimmer mitsamt der blutigen Spur, die er gezogen hatte.

Gleichzeitig sah er auch das Bad und die blutverschmierten Fliesen. Und er sah auch alle anderen Zimmer und das ganze Haus. In der Küche stand noch die schmutzige Kaffeetasse. Auch den Garten konnte er überblicken bis zum See hinunter. Alles war hell und klar. Er hörte die Vögel und sah eine Katze am Ufer, die versuchte im seichten Wasser einen Fisch zu fangen, ohne dabei nass zu werden. Er schmunzelte.

Doch dann war ihm, als würde er in einem Lift immer weiter nach oben getragen. Sein Horizont wurde weiter und weiter. Unendlich weit. Er sah alles! Und er sah alles gleichzeitig! Sein ganzes Leben.

Alles war in gleissendes Licht getaucht und klar und deutlich zu sehen. Da war auch Bettina. Sie bemerkte ihn nicht. Auf seine Zurufe hin reagierte sie nicht. Auch seine Eltern waren da, obwohl sie vor Jahren gestorben waren. Und Chris und Edi und unten in der Loggia sah er sich und HP liegen. Komisch, der war doch vor kurzem erst losgefahren?

Noch vieles anderes kam ihm komisch und unerklärlich vor und schwierig zu verstehen. Ort und Zeit waren verwischt. Die Ereignisse seines Lebens schwammen vor seinen Augen wie die Buchstaben in der Suppe.

Er sah seine Geburt, seine ersten Fahrversuche auf dem Fahrrad, seine Lehrer, seine Hochzeit mit Bettina, seine beiden Kinder und auch sich selbst, wie er als strammer Junge in kurzen Hosen im Wald Feuerholz sammelt.

Alles war gleichzeitig. Sein Mund war blau verschmiert von den vielen Heidelbeeren, die er zuvor gefunden und verdrückt hatte. Es war ein warmer Sommertag. Seine Kinderaugen leuchteten und er war glücklich.

Er war gleichzeitig ein kleiner Junge und auch ein gestandener Geschäftsmann. Er sah seinen Vater, wie er mit ihm an der Hand durch den Wald streift und im selben Moment auch sich selbst als Vater, zusammen mit klein-Edi und Chris am Strand Sandburgen bauen.

Er erinnerte sich glasklar an jedes Detail in seinem Leben. Jeder Gedanke, jede Stimmung und jede Freude, jeder Geruch und jeder Kuss waren wieder da! Er bekam fast etwas Angst vor diesem Alles-Wissen.

Plötzlich befand er sich vor einem langen, dunklen Tunnel. Er wusste nicht, wie er da hinkam, aber er wusste, dass er in diesen Tunnel hinein musste, obwohl er der Sache nicht recht traute. Er wurde förmlich hinein gesogen in dieses schwarze Loch. Glücklicherweise nahm er mittendrin einen hellen Schein wahr, der immer heller und leuchtender wurde.

Tief im Tunnel war das Licht am hellsten und eine angenehme Wärme erfüllte ihn. Wellen plätscherten leise, wie an einem feinen Sandstrand. Dazu ertönte seine Lieblingsmusik. Ein feiner Blütenduft, wie von tausend exotischen Blüten, betörte ihn. Vögel zwitscherten und ein angenehmes, laues Lüftchen wehte leise durch sein Haar.

Er kam sich vor wie im Paradies! Noch nie hatte er so etwas Schönes erlebt. Einfach wunderbar!

Sein Herz wurde leicht, die Schmerzen waren wie weggeblasen. Alle Sorgen, Ängste und Zweifel waren verschwunden. Einfach nicht mehr da. Er war nur noch glücklich! Er hätte die ganze Welt umarmen können!

Im hellen Licht sah er nun die Umrisse einer weissen, strahlenden Gestalt. Sie war nur angedeutet und schien transparent und leuchtend. Er konnte diese Erscheinung nicht richtig einordnen. Es war kein eigentliches Sehen oder Erkennen. Es war vielmehr ein Erahnen, ein Erfühlen, wie ein Gedanke, der noch nicht Gestalt angenommen hatte. Unscharf, undeutlich, nicht genau fassbar, leise und doch klar vorhanden.

Von dieser Gedanken-Gestalt ging ein strahlendes Licht aus, wohlige Wärme und überschwängliches Glück. Er spürte, dass die von dieser sonderbaren Erscheinung ausgehende Wärme nichts anderes war als Liebe. Sie überschüttete ihn förmlich mit Liebe bis er selbst auch in Liebe zu erstrahlen begann!

Er wäre gerne näher zu diesem Engel hingegangen. Zu diesem Licht, in diese Helligkeit. Hin zu seinem Glück! Er wollte mitten drin sein und sich vereinen mit dieser Seligkeit. Er wäre gerne eingetaucht in diese Fülle. Er wollte nur noch Eins werden mit diesem Zustand des Lichts und dieser unendlichen Liebe!

Raoul fühlte sich leicht und frei und am Ziel angekommen. Alle Schmerzen waren verflogen. Zögernd machte er den ersten Schritt auf den Engel zu. Er war willkommen. Er gehörte dazu. Es war wie eine Heimkehr!

Voller Freude und doch noch zögernd machte er den zweiten Schritt. Er kam nur langsam vorwärts, doch das störte ihn nicht im Geringsten. Zeit spielte keine Rolle. Es war sowieso alles gleichzeitig.

Raoul wähnte sich im Himmel. Das musste der Himmel sein! So etwas Schönes hatte er noch nie erlebt. So glücklich war er noch nie. Er wurde noch nie so geliebt und hatte auch selbst noch nie so geliebt. Er fühlte sich aufgehoben und angenommen. Er war in Ordnung, so wie er war. Alles war gut. Alles war Glück, Freude und Liebe!

Es hätte ihm genügt, wenn es einfach immer so geblieben wäre. Wenn er immer so glücklich und mitten in der Liebe hätte sein können! Keine Erwartungen mehr, keine Hoffnungen oder Befürchtungen, keine Ansprüche, kein Versagen, keine Ängste, keine Krankheit und keine Schmerzen. Alles war gut! Nur Geborgenheit und wunschloses Glück!

Beim nächsten Schritt wurde er plötzlich unsanft zurückgerissen. Er konnte sich nicht dagegen wehren. Er wollte hierbleiben. Hier, im Himmel, im Glück und in der Freude. Er wollte nicht mehr zurück!

Wieso auch? Wieso sollte er den Himmel verlassen, wo er doch eben erst am Ziel angekommen war? Nein, nein, neiiiin! Er wollte nicht zurück! Hörte ihn denn niemand? Er wollte nicht zurück!

Mit aller Kraft versuchte er einen Schritt nach vorn zu tun, aber es ging nicht. Es ging vielmehr in rasendem Tempo rückwärts, zurück zum Eingang dieses Tunnels, wo sein Glück begonnen hatte. Immer weiter zurück, weiter und immer weiter weg vom Himmel!

Reanimation

Plötzlich waren die Schmerzen wieder da, stärker als zuvor. Er spürte wie jemand eher grob an ihm herummachte. Er hörte Stimmen. Die eine sagte, der Elektroschock habe diesmal zum Glück gewirkt. Es sei die höchste Stufe gewesen.

Raoul versuchte verzweifelt das Licht nicht aus den Augen zu verlieren. Aber es bewegte sich immer weiter fort, wurde immer blasser und die Wärme spürte er auch fast nicht mehr. Einzig die Liebe war noch da.

Da! Das Licht! Es kommt wieder! …

Nein! Es war nur die Lampe des Arztes, der ihm in die Augen zündete und die Pupillenreflexe kontrollierte. Der Arzt war zufrieden und sagte: „Wir haben ihn wieder! Gratuliere! Das war eine Meisterleistung! Wenn wir ihn stabilisiert haben, nehmen wir ihn gleich mit. Die IPS[2] ist bereits orientiert. Alles ist vorbereitet." Und zu den beiden Polizisten gewandt: „Sie können jetzt gehen. Danke vielmals!"

Die redeten von ihm! Was ging da vor sich? Woher kamen denn plötzlich all diese Leute? Er war doch nur kurz eingenickt. Vor ein paar Sekunden hatte er die Sanität gerufen wegen diesen ekelhaften Brustschmerzen. Waren die eventuell schon da?

Er sah sich etwas um und bemerkte die beiden Polizeibeamten, die sich gerade die Handschuhe auszogen. Haben die etwa den Boden im Bad aufgewischt?

---

[2] Intensivpflegestation

Raoul ging es langsam besser. Er begann Fragen zu stellen und erfuhr, dass die Sanität zwar mit Blaulicht durch den Verkehr hierher gerast war, dann aber niemand geöffnet hatte. Erst als die Polizei sich gewaltsam Einlass verschafft hatte, konnten alle hinein und mit ihrer Arbeit beginnen.

Jetzt war er komplett verkabelt, überall piepsende Maschinen und Schläuche. Neu tat ihm auch die rechte Brustseite weh, vor allem, wenn er versuchte den Arm zu heben. Und auch das Brustbein schien etwas abbekommen zu haben. Was hatten die mit ihm gemacht?

Der Arzt klärte ihn auf. Raoul sei bei ihrer Ankunft bewusstlos und schon fast tot gewesen. Die sofort eingeleiteten Wiederbelebungsmassnahmen hätten sich schwieriger gestaltet und hätten länger als üblich gedauert. Nur dank dem vollen Einsatz der Sanitäter und der Hilfe der beiden speziell ausgebildeten Polizisten sei er überhaupt noch am Leben.

Er habe ein sogenanntes Kammerflimmern[3] gehabt. Sehr hartnäckig. Er hätte Glück gehabt. Sei quasi dem Tod von der Schippe gesprungen. Da seien die paar gebrochenen Rippen und das kaputte Brustbein als Kollateralschaden zu betrachten und nicht weiter schlimm. Das würde alles wieder heilen.

***

---

[3] Kammerflimmern, auch *ventrikuläre Fibrillation* (VF) genannt, ist eine lebensbedrohliche pulslose Herzrhythmusstörung, bei der in den Herzkammern ungeordnete Erregungen ablaufen und der Herzmuskel sich nicht mehr geordnet kontrahiert. Unbehandelt führt das Kammerflimmern wegen der fehlenden Pumpleistung des Herzens unmittelbar zum Tode. Im EKG sieht man Flimmerwellen mit einer Frequenz von etwa 300-800/min. Kammerflimmern kann z. B. als Komplikation eines Herzinfarktes auftreten.

Raoul überlegte, ob er überhaupt weiterleben wollte. Er war sich dessen ganz und gar nicht mehr sicher. Erstens erinnerte er sich wieder an sein Weinen am Waschtisch. Sofort beschlich ihn wieder diese Traurigkeit. Fast kamen ihm erneut Tränen.

Andererseits spürte er immer noch dieses Leuchten, die Wärme und dieses wunderbare Wohlgefühl in seinem Herzen. Alles, was er gerade erlebt hatte, war noch gegenwärtig. Das ganze Glück und das Gefühl in der vollkommenen Liebe aufgehoben zu sein.

Diese Liebe sollte er nun aufgeben und dafür sein kaputtes Leben zurückerhalten? Keine Frage, er hätte sich für die Liebe entschieden.

Er bedauerte, dieses Paradies verlassen zu müssen! Er sollte also eine weitere Runde drehen mit seinen Sorgen und mit den Schmerzen in der Brust. Wozu? Hatte es das Licht so vorgesehen? Hatte er noch eine Aufgabe zu erfüllen?

Er wusste es nicht und war auch zu müde, um weiter darüber nachzudenken. Sein Kopf war ganz dusselig.

Im Kardiomobil

Raoul wunderte sich wie die beiden Sanitäter ihn scheinbar ohne Mühe die Treppe hinunter schleppten. Man sah, dass es ein eingespieltes Team war. Zum Glück hatte er in den letzten zwei Jahren fast zehn Kilo abgenommen. Vielleicht wäre es gut, weiter daran zu arbeiten. Bestimmt würde er im Spital einige Tipps und Diäten kennenlernen.

Auch das Verladen in den topmodernen Rettungswagen verlief völlig problemlos. Trotz aller Schläuche und Apparate waren die beiden Vollprofis nirgends angestossen oder hängen geblieben. Er hatte keinen Moment Angst gehabt, sie würden ihn fallen lassen.

Und dann die Fahrt mit Blaulicht durch den Verkehr. Der Rettungswagen kam gut voran. Es war schon ein komisches Gefühl im Wagen drin zu sein, der sich mit Sirene und Blaulicht einen Weg durch den Verkehr bahnt. Alle machten Platz und sprangen zur Seite wegen ihm! Er fühlte sich wie ein Staatschef!

***

Raoul schaute sich im Wagen um. Was es da alles gab und offenbar auch brauchte. Sein Begleiter hatte sich bisher keine Sekunde ausgeruht, obwohl er kurz zuvor Schwerstarbeit verrichtet hatte. Er war voll beschäftigt mit Herrichten von Infusionen und Medikamenten, mit Auffüllen von Beständen und natürlich mit ihm. Blutdruck messen, Puls und Monitore kontrollieren, Tropfenzähler justieren, Verbände wechseln, Infusionen fixieren und alles genauestens protokollieren. Sie hatten bisher noch kein Wort miteinander gewechselt.

Raoul traute sich nicht, ihn anzusprechen. Er dachte bei sich: „Den darf ich nicht ablenken. Wenn dem ein Fehler passiert, muss ich ihn ausbaden. Da verzichte ich lieber auf eine Erklärung all dieser Geräte und Maschinen." Aber er hätte schon gern gewusst, wozu das alles gut war. Er fühlte sich wie in einem Science-Fiction Film mit all dieser High Tech rundum. Wahrscheinlich war Captain Kirk der Fahrer und Dr. Spock war Beifahrer.

Das Morphium begann zu wirken. Er begann zu dösen und träumte von der Expedition zu den Vulkaniern. Eben war das Raumschiff mit einem Ruck gelandet. Wenn das die empfindlichen Geräte und Computer nur heil überstanden hatten. Aussen ertönt eine Sirene. Das verhiess nichts Gutes. Prompt sahen sie sich einer breiten Front von feindlich gesinnten Vulkaniern gegenüber. Die waren mit modernsten Laserwaffen ausgerüstet und hatten Antennen mit grossen glitzernden Klumpen am vorderen Ende. Diese schwankten gefährlich und waren durch feine, glänzende Röhrchen mit der Zentraleinheit verbunden. Alle trugen weisse Masken über ihren Helmen. Von allen Seiten stürmten sie auf unser Raumschiff ein. Da! Ein Treffer! Das Glas unserer Kuppel zersprang. Schon kletterten die ersten wilden Gestalten in unser Schiff und begannen den Hauptcomputer zu zertrümmern. Captain Kirk versuchte immer noch verzweifelt die Maschine zu starten. Vergebens! Da packte mich der erste am Handgelenk. Seine Hand war ganz blau und fühlte sich eigenartig an. Wie Latex. Sind Vulkanier aus Latex?

Der Sanitäter versuchte Raoul zu beruhigen. Er fasste ihn am Handgelenk, um seine Infusion nicht zu gefährden. Raoul hatte plötzlich wie wild in der Luft herumgefuchtelt und geschrien der Hauptcomputer sei zerstört. Da gab ihm der Sanitätsmann eine beruhigende Spritze direkt in die Infusion und stellt den Tropfenzähler etwas höher.

Raoul sah die blaue Hand und schrie erneut. „Lass mich los oder ich schiesse!"

Bitte beruhigen sie sich, beschwichtigte der Sanitäter mit ruhiger, aber bestimmter Stimme. Da öffnete Raoul seine Augen und sah den ‚Latex-Vulkanier' neben sich sitzen.

Jetzt wurde ihm klar, dass er in eine Art Trance gefallen war, vermutlich eine Nebenwirkung der Spritze, die ihm der Arzt vorher verabreicht hatte. Die ganze Aufregung und das Abenteuer mit Captain Kirk und Dr. Spock lösten sich in Normalität und Banalität auf. Der Sanitäter trug blaue Latex-Handschuhe und eine weisse Schutzmaske vor seinem Mund. Daneben schaukelten die Infusionsflaschen mit ihren langen Schläuchen.

Ankunft auf der IPS

Das Team hatte gewechselt. Die Sanitäter waren draussen bei der Ambulanz geblieben. Jetzt hatten die Fachleute aus dem Spital übernommen. Auch sie schienen ihren Job zu verstehen. Sie arbeiteten ruhig und konzentriert. Jede Handbewegung sass. Keine Hast, kein Stress. Raoul konnte es kaum glauben, dass wegen ihm ein solcher Aufwand betrieben wurde.

Er wurde in eine Ecke geschoben, welche vom übrigen Raum durch einen Vorhang abgetrennt war. Er hörte allerlei Geräusche dahinter, also war er nicht allein. Eifriges Hantieren herrschte allenthalben. Rund um ihn herum lauter piepsende Apparate und flimmernde Monitore. An der Wand war eine Leiste mit multiplen Steckplätzen. Diese sahen aber nicht aus wie die bekannten Steckdosen für Computer oder für den Strom.

Solche gab es natürlich auch. Aber was ihn jetzt gerade beschäftigte, waren diese grossen Industrie-Steckdosen.

Er wurde in seinen Gedanken unterbrochen von einer älteren Schwester, die sich ihm sehr nett als Frau Hildegard vorstellte. Auf ihrem Namensschild konnte er lesen: Frau Hildegard Mächler, PfFF.

Was sollte denn das nun wieder heissen? PfFF? Musste man das verstehen? War das vielleicht eine Art Herkunftsbezeichnung? Pf… Vielleicht kam sie aus dem Pfefferland. Von da, wo man sich gewisse Leute manchmal hin wünschte.

Aber was bedeutete der Rest: FF? War das eine Art Inhaltsangabe, wie auf den Ovomaltine-Büchsen? War hier etwa auch drin, was draufstand?

Frau Hildegard begann an den Apparaten zu hantieren und machte ihm schliesslich, ohne etwas zu sagen deutlich, wozu diese Industriestecker gut waren.

Sie steckte einen dicken Schlauch in die Steckdose mit dem Bajonettverschluss, machte vorne eine Art Zapfen drauf, aus welchem ein ganz feines Schläuchlein ragte und begann an seiner Nase zu hantieren. Jetzt erst bemerkte er die Aufschrift „Sauerstoff".

Aha, alles klar!

„So und nun ruhen sie sich aus!", befal sie und doppelte gleich nach: „Sie können sich jetzt ein wenig ausruhen. Das wird ihnen guttun!" Mit diesen Worten verschwand sie hinter dem Vorhang.

Folgsam, wie immer, versuchte er zu schlafen. Er wollte nochmals den Traum mit dem Licht-Gedanken träumen. Aber es gelang ihm nicht. Das Licht blieb fort. Es gab kein zweites Kapitel dieser Geschichte.

Er bedauerte sehr, dass er nun wieder ganz auf der Erde angekommen war und keine Verbindung zum Himmel mehr aufnehmen konnte. Er hätte sich gewünscht, wenigstens mal ab und zu ein Wochenende im Himmel zu verbringen!

Aber der Himmel hatte Spuren hinterlassen. Er hatte das Gefühl, nicht mehr derselbe zu sein wie vor diesem Erlebnis. Er war immer noch erfüllt von der Liebe und hatte keine Angst mehr vor dem Sterben. Der Tod hatte seinen Schrecken verloren.

Raoul war ruhig und voller Vertrauen. Er wusste, was ihn erwartete. Ja er war fast so weit, sich auf den Tod zu freuen. Der Tod konnte ihm nichts mehr anhaben. Er brauchte keine Angst zu haben.

Rückblende

Statt zu schlafen begann Raoul nachzudenken über sein bisheriges Leben. Er hatte seit der Pubertät zielstrebig an seinem Traum gearbeitet später ein angesehener und erfolgreicher Geschäftsmann zu werden. So hatte er bereits vor seinem Wirtschaftsstudium einen kleinen Laden eröffnet für die Mitschüler des Gymnasiums. Darin bot er alles an, was für Gymnasiasten wichtig war. Vom Bleistift bis zum Wörterbuch, einfach alles. Sogar ein Lösungsheft der Mathe-Aufgaben hielt er unter dem Ladentisch bereit.

Später expandierte er an die Uni und es kamen Computer hinzu mit all ihren Spezialprogrammen für die verschiedenen Fakultäten.

Einem allgemeinen Bedürfnis folgend begann er schon bald auch Reisen für Studenten zu organisieren. Das Studentenreisebüro war geboren. Eine Idee, die äusserst regen Anklang fand bei seinen Kommilitonen. Studenten und Reisen in ferne Länder waren ja fast ein Synonym. Mit seinen extra für Studierende ausgehandelten Flugtarifen leistete er Pionierarbeit.

Gegen Ende seines Studiums, und auch hier einem Bedürfnis seiner Kunden folgend, begann er sich als Versicherungsbroker zu betätigen. Das war nur möglich, weil er bereits mehrere Angestellte beschäftigte. Er verkaufte Lebensversicherungen an seine Kommilitonen. Das wurde die Erfolgsstory schlechthin, vor allem, weil der Staat teilweise für die Prämien Zuschüsse zahlte. So waren diese Versicherungen für die Studenten fast umsonst. Sie rissen ihm die Policen regelrecht aus der Hand.

Er wäre kein guter Geschäftsmann gewesen, wenn er dabei nicht auch an sich gedacht hätte. Er liess sich für jeden Abschluss eine gewisse Summe auf seine eigene Police anrechnen. So hatte er bald die erste Million auf sicher, wenn sie auch erst mit 50 ausbezahlt wurde. Er akquirierte fleissig weiter und sah seine Zukunft immer rosiger werden. Für sein Alter hatte er vorgesorgt.

Das Versicherungsgeschäft florierte so stark, dass er bald zusätzliche Mitarbeiter einstellen musste. Dies vor allem, weil die Nachfrage nach weiteren Finanz-Dienstleistungen gewachsen war.

Viele Studenten hatten inzwischen ihre Studien abgeschlossen und waren dabei, ihre eigene Firma zu gründen. Also bot er dazu Rechtsberatungen und Kreditvermittlungen an. Seine Devise war stets: Alles aus einer Hand! Seine Firma wuchs und veränderte sich mit seinen Kunden. Er passte sie stets der Nachfrage an.

So kam der Tag, an dem er schliesslich eine neue Mitarbeiterin einstellen musste für die neu zu gründende Abteilung für Vermögensverwaltung. Ihr Name war Bettina Huber.

Frau Huber war sportlich, elegant gekleidet, hatte ein sicheres Auftreten, sprach mehrere Sprachen und machte insgesamt einen sehr kompetenten Eindruck. Sie kam von einer bekannten Privatbank, wo sie im Wealth-Management tätig war. Sie war genau die Richtige für seine Kunden, die alle reich werden wollten. Genau wie er! Seine Kunden sollten zu ihm und seinen Grundsätzen passen.

***

Nun trat also Bettina Huber in seine Firma ein und damit in sein Leben. Sie sprühte förmlich von Ideen und begann sofort mit dem Aufbau ihrer spezialisierten Abteilung.

Schon bald konnte die Firma nicht mehr auf ihre Dienste verzichten. Die Vermögensverwaltung wurde zum ertragreichsten Geschäftszweig.

Ihren Chef beeindruckte sie nicht nur durch ihren Verstand und ihre Kompetenz. Raoul hätte am liebsten auch seine Freizeit mit ihr verbracht. Diesbezüglich biss er bei ihr aber auf Granit.

Frau Huber war für eine strikte Trennung von Privatem und Geschäft. Das zog sie voll durch. Sie ging nie auf seinen Vorschlag für ein „Feierabendbier" ein. Auch seinem Angebot des „Du" anlässlich der Büro-Weihnachtsfeier wich sie elegant aus. Sie erzählte nie von sich oder von zu Hause. Er wusste nicht mal, ob sie allein lebte. Dass sie nicht verheiratet war, das wusste er aus den Personalakten. Aber sonst nichts.

Sie war so schön! Ihre langen, leicht gewellten, schwarzen Haare umschmeichelten ihr Gesicht und fielen bis auf ihre Schultern. Leider trug sie bei der Arbeit ihr Haar meistens zu einem Pferdeschwanz gebunden oder hochgesteckt. Auch sehr nett und schön, wie alles an ihr. Aber er fand, mit offenem Haar sei sie weiblicher, weicher und weniger geschäftsmässig. Und erst ihre vollen Lippen! Wenn sie sie durch dieses knallige Rot noch betonte, konnte er fast nicht mehr von ihnen ablassen. Er musste unentwegt hinsehen.

Bestimmt war ihr längst aufgefallen, dass er sie ständig anstarrte. Er konnte einfach nicht anders. Sie sah ihn dann jeweils mit ihren tiefbraunen Augen an und lächelte.

Er bekam Gänsehaut, sein Herz begann wild zu klopfen und es durchfuhr ihn ein wohliger Schauer. Wieso war sie so unnahbar, wenn sie ihn doch mochte? Oder war er für sie einfach nur der Chef. Eine weitere Station auf der Karriereleiter?

Er wusste es nicht und hätte doch so gern Klarheit gehabt. Er quälte sich immer häufiger mit solchen Gedanken und hielt es manchmal fast nicht mehr aus! Diese Ungewissheit war für ihn ein Martyrium. Sie verfolgte ihn bis in seine Träume. Er konnte kaum noch was anderes denken!

Wenn sie zum Kaffeeautomaten ging, kam es ihm vor als würde sie schweben. Ihr Kleid betonte ihre Figur und brachte ihre feminine Weiblichkeit voll zur Geltung. Und ihr Duft! Wenn er hinter ihr herging, sog er ihn tief in sich hinein und genoss das Glücksgefühl!

Abends schlich er sich heimlich in ihr Büro, um ihren Duft nochmals in Ruhe zu geniessen und auf sich wirken zu lassen.

Sie war mit allen Kunden offen und lachte mit ihnen. Die meisten waren junge, vom Erfolg verwöhnte Männer. Allesamt sehr selbstbewusst im Auftreten. Mit denen konnte sie es sehr gut. Sie schien jeden einzelnen zu bezirzen mit ihrem strahlenden Lachen. Für jeden fand sie Zeit und persönliche Worte. Sie mochte sie alle. Und alle machten ihr den Hof. Alle!

Wenn er an all die Blumen in ihrem Büro dachte, spürte Raoul heute noch Eifersucht in sich aufsteigen. Wieso musste sie mit jedem flirten? Und wieso nicht mit ihm? Wieso machte sie allen jungen Männern schöne Augen? War er zu alt? Oder nicht ihr Typ?

Bettinas Stimme klang in seinen Ohren wie Musik. Ihr Lachen war himmlisch. Und wenn sie ihr offenes Haar mit einer Handbewegung zurückstrich und ihren Kopf in den Nacken warf, dann hätte er sie am liebsten umarmt und auf den glänzend roten Mund geküsst.

Oder wenn sie sich in Gedanken versunken langsam eine schwarze Strähne aus dem Gesicht strich, wäre er ihr am liebsten zärtlich über den Kopf gefahren oder hätte wenigstens seine Hand auf ihren Arm gelegt. Nichts von all dem. Es war frustrierend mit welcher Konsequenz sieh ihn übersah!

Natürlich wusste er, dass ihre Art unbezahlbar war. Sie war eine Perle fürs Geschäft. Ein Diamant. Sie war das Beste, das seiner Firma passieren konnte! Alle diese jungen Herren frassen ihr aus der Hand. Sie konnte ihnen alles verkaufen. Die hätten jede Anlage getätigt, nur um ihr zu gefallen.

***

Schliesslich beschloss er alles auf eine Karte zu setzen und endlich Nägel mit Köpfen zu machen. Er kaufte zwei Karten für ein Gala-Konzert in der Oper, denn er wusste, dass sie Klassik liebte. Wenn das nicht half, dann hatte er wohl endgültig keine Chancen bei ihr. Aber sie sagte zu! Endlich hatte er den Zugang zu ihr gefunden!

Am Konzert hatte er dann nur Augen und Ohren für sie, so dass er gar nicht mehr wusste, was gespielt wurde. Es interessierte ihn auch nicht.

Glücklicherweise ergab sich in der Pause bei einem Glas Champagner die Gelegenheit zum „Du". Er schwebte traumwandlerisch und wie auf Wolken durch den Abend.

Am Ende durfte er sie sogar nach Hause fahren, obwohl sie vor der Vorstellung noch darauf bestanden hatte allein mit einer Taxe herzukommen. Interessanterweise lehnte sie dieses Ansinnen nicht ab.

Sie wohnte in einer ruhigen, fast schon vornehmen Gegend. Vor ihrer Haustüre angelangt bedankte sie sich für den wunderbaren Abend mit einem flüchtigen Kuss auf seine Wangen und verschwand im Hauseingang.

Sein Herz machte einen Sprung und klopfte wie verrückt. In der Luft lag noch ihr Duft, den er wie immer tief in sich hineinsog. Er stand noch eine Weile in sich versunken da und genoss den Augenblick. Hatte nicht eben ihr Mund seine Wangen berührt?

Eigentlich hätte er nun gehen können. Sie war weg. Oder hatte er auf eine Einladung zum Kaffee gewartet? Er war glücklich!

Er begann zu ahnen, was mit den Schmetterlingen im Bauch gemeint sein könnte, von denen man immer wieder liest. Er war bestimmt verliebt. So musste sich Verliebt-sein anfühlen!

Ja damals war er glücklich. Er hatte keine Wünsche offen. Sein einziger und grösster Wunsch war eben erfüllt worden! Mit diesem flüchtigen Kuss hatte sie ihn glücklich gemacht!

An diesen Abend erinnerte er sich heute noch, wie wenn es gestern gewesen wäre. Er konnte ihren Kuss immer noch auf seiner Wange spüren! Und prompt begann beim Gedanken daran sein Herz wieder schneller zu schlagen. Zum Glück nicht so rasch, dass die Apparate Alarm gaben!

Trotz diesen angenehmen Erinnerungen erfasste ihn Wehmut. Hatte er wirklich genug getan für seine Kinder, für Bettina? Hatte er sie etwa vernachlässigt zugunsten der Firma?

Damals stellte er sich diese Fragen nicht. Damals war das Tagesgeschäft wichtig. Ja es war für ihn das Wichtigste. Alles andere hatte sich dem Geschäft unterzuordnen. Es musste so Vieles getan werden, da blieb nur noch wenig Zeit für die Familie.

Alltag in der IPS

Frau Mächler stiess ihn sanft an. „Tut mir leid! Ich muss ihren Blutdruck messen. Sie waren so in ihren Gedanken versunken, dass sie mich gar nicht bemerkten."

Raoul fasste die Gelegenheit beim Schopf und fragte: "Werde ich es schaffen? Werde ich durchkommen? Was meinen sie?"

„Oh, das kann ich ihnen nicht sagen. Das müssen sie schon den Arzt fragen. Aber einige Tage werden sie bestimmt noch hier sein. Sie sind ja eben erst gekommen. Das Wichtigste für sie ist jetzt Ruhe. Der Arzt wird gleich bei ihnen vorbeischauen."

Und tatsächlich dauerte es kaum 5 Minuten, bis sich ein Schnauben dem Vorhang näherte. Ein kleiner, fast kugeliger Mann mit Glatze trat hinter dem Vorhang hervor. Er war anfangs 30. Eine etwas komische Erscheinung, denn sein Alter passte überhaupt nicht zu seiner Körperfülle und zu seiner Glatze. Mit seinem weissen, viel zu kleinen T-Shirt und den weissen Hosen sah er eher aus wie ein Bäcker.

Raoul merkte, dass er noch nichts gegessen hatte seit gestern Abend, ausser diesem kleinen Happen zum Frühstück. Der Bäcker stellte sich ihm vor als der betreuende Assistenzarzt, der gekommen sei, um nach seiner Wunde zu sehen am Hinterkopf. Vermutlich müsse sie genäht werden. Raoul hätte lieber frische Brötchen gehabt.

Schon bald darauf dachte Raoul darüber nach, ob der Bäcker vielleicht nicht doch Metzger sei, denn eine nur wenige Sekunden dauernde Inspektion überzeugte den Metzger davon, dass er nähen müsse.

Ohne weitere Worte zu verlieren, aber unter vernehmlichem Schnaufen, machte er sich an die Arbeit. Zuerst die Reinigung und Desinfektion der Wunde. „Autsch!" protestierte Raoul. „Geben sie mir denn keine Spritze?"

„Brauchen sie denn eine? Sie sind ja noch vollgepumpt mit Morphium. Da sollte es doch ohne gehen! Reissen sie sich etwas zusammen, bin gleich fertig!"

Und tatsächlich war er bereits fertig. Drei Stiche hatten genügt. „Frau Mächler macht ihnen noch einen Verband!" Und schon war er wieder hinter dem Vorhang verschwunden. Das Schnauben entfernte sich.

Frau Hildegard kam sogleich mit dem Verbandszeug und reinigte nochmals alles fein säuberlich. Dann bezog sie ihm das Kissen frisch. Sofort fühlte sich Raoul wieder viel wohler.

„Das war aber ein Rossmetzger!" protestierte Raoul noch nachträglich. „Der hat doch tatsächlich ganz ohne Spritze genäht! Arbeitet der hier im Austausch mit dem Tierspital?"

Frau Mächler schmunzelte und erklärte ihm: „Mit der Spritze hätte der Arzt 2-3-mal stechen müssen, um die Spritze zu setzen. Meistens blutet es danach wieder stark und der Chirurg sieht nichts mehr. Alles hätte viel länger gedauert und es hätte vielleicht sogar einige Stiche mehr gebraucht, um die Blutung zu stillen. Wäre ihnen das lieber gewesen? Übrigens komme ich auch gleich noch mit einer Spritze. Sie erhalten von mir einen Tetanus-Booster.[4] Sie sind doch geimpft, oder?"

Raoul dachte bei sich, ob denn im Spital lauter Sadisten arbeiten würden, denen es Freude bereitet, jemanden zu stechen. Er war überhaupt kein Freund von Nadeln und Spritzen. Ausnahmsweise sagte er aber nichts. Die Arbeit von Frau Hildegard liess er klaglos über sich ergehen. Irgendwie war sie ihm sympathisch, wenn er mal von der Nadel absah.

***

Einen Gedanken wälzte Raoul nun schon eine ganze Weile. Sollte er Bettina anrufen und sie bitten, ihn zu besuchen? Sie würde bestimmt sofort kommen. Er war sich nur noch nicht im Klaren, ob er das überhaupt wollte. Offenbar galt sein erster Gedanke aber immer noch ihr.

Wollte er sie nicht vor kurzem noch vernichten, ihr einen Denkzettel verpassen und sich an ihr rächen? Und nun soll sie kommen und ihm beistehen? Das konnte ja nicht gut gehen! Entweder würde er sie nach kurzer Zeit anschreien und ihr Vorwürfe machen. Oder er würde zu weinen anfangen und sie bitten, wieder zu ihm zurück zu kommen. Beides wollte er nicht.

Er wollte gesund werden, lieber heute als morgen. Er hatte keine Lust in dieser Intensivstation zu versauern. Er musste möglichst rasch sein Handy[5] und sein Tablet haben, um wieder die Börsengeschäfte aufnehmen zu

---

[4] Auffrischung der Impfung gegen Wund-Starrkrampf
[5] Schweizerisch für Mobile Phone

können. Wie konnte er sonst wissen, was heute schon alles passiert war. Er beschloss Frau Hildegard zu fragen, ob sie ihm diese paar Dinge organisieren könne. Dann müsste er nicht Bettina darum bitten.

***

Ein solches Donnerwetter hatte er Frau Hildegard nicht zugetraut. Wie sie ihm über den Mund gefahren war, als er sie ganz normal nach diesen beiden wichtigen Utensilien gefragt hatte!

Was ist denn schon gefährlich an einem Handy? Alle hatten doch eines? Und das Tablet brauchte er einfach für die Börsengeschäfte. Das musste sie doch einsehen! Wie konnte sie nur so strikt sein? In welchem Jahrhundert war Hildegard denn stecken geblieben?

Er konnte doch nicht warten bis er wieder nach Hause durfte. Die wollten ihn noch tagelang hier festhalten, das wusste er genau. In dieser Zeit konnte die Welt untergehen!

Bisher hatte er nie einen Tag ausgelassen. War stets online. Und nun sollte er 7-10 Tage völlig von der Welt abgeschnitten sein. Das ging doch nicht! Das war ja schlimmer als Ferien! Er wollte sich direkt an den Chef wenden. Der hatte bestimmt mehr Verständnis für sein Anliegen als diese einfache Frau.

Seine Gedanken wurden unterbrochen durch ein heftiges Piepsen aus einer dieser Maschinen. Hektik kam auf. Der Vorhang wurde zurückgerissen, nebst Hildegard und dem Dicken kamen noch zwei weitere Personen hereingestürmt, die er nicht kannte. Alle stürzten sich auf den piepsenden Monitor und auf ihn. Sie rissen seine Decke weg und hantierten an den diversen Schläuchen. Hildegard hatte bereits den Defibrillator in der Hand.

Was war denn bloss los? Ein Handy wollten sie ihm nicht bewilligen, dafür rückten sie ihm mit Defibrillatoren auf die Pelle. Da soll einer die Welt noch verstehen! Eine der beiden Schwestern hatte inzwischen eine Spritze bereit gemacht und dem Doktor in die Hand gedrückt.

Nicht schon wieder! Können die es denn nicht lassen? Diese ewigen Spritzen. Wie er die hasste! Aber diesmal schien der Dicke Erbarmen zu haben, denn er zielte nicht auf ihn, sondern auf einen der vielen Schläuche. Glück gehabt!

Nun redete der sogar mit ihm. Er schien ganz erleichtert und erklärte ihm, das erneute Kammerflimmern habe er glücklicherweise medikamentös konvertieren[6] können. Der Rhythmus sei nun wieder normal. Mit Kammerflimmern sei nicht zu spassen. Er dürfe sich auf keinen Fall aufregen. Er soll sich jetzt bitte entspannen und etwas ausruhen.

Raoul fühlte sich aber überhaupt nicht müde. Wozu schlafen und neben ihm ging die Welt unter? Zumindest möglicherweise. Er wusste es ja nicht. Das war sein Problem.

Er hatte immer noch kein Handy und auch keine Gelegenheit eines zu organisieren. Niemand hörte auf ihn und sein Anliegen. Da musste man sich ja aufregen!

---

[6] Wieder den normalen Herzrhythmus herstellen

Hildegard

Frau Hildegard streckte ganz vorsichtig den Kopf durch den Vorhang, um zu sehen, ob er bereits schlafe.

Aber er dachte gar nicht daran zu schlafen. Er überlegte, wie er möglichst rasch an sein Handy kommen könnte.

Bettina wollte er nun wirklich nicht fragen. Er wollte sie momentan lieber nicht sehen. Aber Hanspeter. Der könnte ihm doch unauffällig sein Handy hierher schmuggeln. Er musste ihn nur irgendwie benachrichtigen können. Dazu müsste er aber Hildegard um Mithilfe bitten. Hanspeter konnte ja noch gar nicht wissen, dass er im Spital war.

Und zu Hause war die Türe auch nicht abgeschlossen. Die Polizei hatte sich ja gewaltsam Zutritt verschafft. Bestimmt war das Schloss nun im Eimer. Es wäre sicher gut, wenn er Hanspeter aufbieten könnte.

Hildegard setzte sich zu ihm auf die Bettkante. „Was ist denn mit ihnen", fragte sie Anteil nehmend. „Weshalb sind sie so unruhig? Sie scheinen eine Menge Sorgen zu haben und können nicht abschalten. Wo drückt denn der Schuh?"

Eigentlich wollte er sie nur darum bitten, Hanspeter anzurufen, wie er sich das zuvor zurechtgelegt hatte. Aber dann hörte er sich plötzlich sagen: „Meine Frau hat mich verlassen!"

Wie konnte er nur! Was ging das diese Krankenschwester an? Es war sonst gar nicht seine Art, seine Sorgen anderen auf die Nase zu binden. Ihm schoss das

Sprichwort durch den Kopf: „Wovon das Herz voll ist, läuft der Mund über!"

Bisher dachte er zwar immer, dass das für ihn nicht gelte. Er meinte, sich im Griff zu haben. Aber nun war es raus. Also fügte er an:

„Vor genau einer Woche ist sie sang- und klanglos übergelaufen zu diesem Gecken, diesem Gigolo! Zu Fred! Bei dem ist sie nur eine von vielen. Dort wird sie sich die Nase einrennen! Bei mir hatte sie es doch gut."

Hildegard strich ihm sanft über sein Haar. Tränen kullerten über seine Wangen. „Möchten sie reden? War ihre Frau vielleicht der Engel, nach dem sie vorhin riefen, als sie kurz eingenickt waren?"

Raoul erschrak. Was? Hatte er im Schlaf geredet? Dann war er also doch kurz eingeschlafen, als er Kontakt aufnehmen wollte mit dem Licht-Gedanken.

War etwa alles nur ein Traum? Hatte der Tunnel gar nicht existiert? Aber er hatte doch alles genau gesehen, sein ganzes Haus und den Garten mitsamt der Katze am Ufer. Auch das Licht hatte er genau gesehen und gespürt. Seine Wärme, seine Liebe, einfach alles.

Das alles soll nur ein Traum gewesen sein? Alles nur Einbildung? Das konnte nicht sein! Das war keine Täuschung! Das war echt!

Er fasste sich ein Herz und fragte Hildegard, ob sie schon von solchen Träumen gehört habe. Sie war ja an der Quelle. Hier im Spital sind bestimmt schon eine Menge Leute gestorben oder eben fast, wie er selbst. Da war es doch naheliegend, dass sie schon davon gehört hatte.

Ja, sie hatte davon gehört und nannte die Sache beim Namen: Nahtoderfahrung!

Nun war ihr Interesse geweckt und er musste ihr alles erzählen, bis auf das kleinste Detail. Sie war überhaupt nicht erstaunt.

Vielmehr war er erstaunt, dass er über seinen „Traum" redete. Eigentlich wollte er alles für sich behalten. Wollte mit niemandem darüber reden, da er selbst nicht sicher war, ob es Traum oder Wirklichkeit war.

Er wollte nicht als esoterischer Spinner angesehen werden. Er, der Macher, konnte doch nicht mit solchen Märchen aufwarten! Man würde ihn zu Recht auslachen.

Aber Frau Mächler lachte nicht. Für sie war es ernst. Sie hatte dieselbe Geschichte, mit nur wenigen individuellen Varianten, schon viele Male gehört und deshalb auch interessiert gefragt.

Sie selbst hatte leider noch nie Gelegenheit in den Himmel hinein gucken zu können und beneidete daher jeden, dem es vergönnt war.

Sie hing gebannt an seinen Lippen und verschlang gierig jedes seiner Worte. Sie glaubte ihm. Sie vertraute darauf, dass es so sein musste, wenn so viele Leute unabhängig voneinander und ohne Absprache untereinander genau dasselbe berichteten. Da musste was dran sein.

Keine Angst vor dem Tod

Seit sie hier in der IPS arbeitete, hatte sich ihr Leben aufgrund solcher Berichte verändert. Sie war schon fast eine Expertin für Nahtoderlebnisse geworden.

Aber nicht nur das. Sie verlor ihre Angst vor dem Tod! Wenn es so war, wie alle erzählten, dann musste sie wirklich keine Angst vor ihm haben. Der Tod hatte seine schreckliche Maske verloren.

Sie begriff den Tod nun als eine Art Wandlung zur Freiheit und nicht als endgültigen, alles zerstörenden Abschluss. Im Tod ging nichts verloren. Der Körper wurde zwar zurückgelassen, aber die Seele ging weiter und nahm alle Erfahrungen mit. Offenbar musste die Seele durch den Tunnel, um in dieses warme und liebevolle Licht eintauchen zu können.

Eine entsprechende Ahnung hatte sie schon seit ihrer Kindheit. Seit dieser frühen Zeit träumte sie immer wieder von diesem Licht. Und jedes Mal war sie danach voller Vertrauen und Zuversicht und voll von dieser unbeschreiblichen Liebe, die sie bisher noch nirgends sonst angetroffen hatte. Nur in ihren Träumen.

Über die Jahre kam sie je länger desto mehr zur Überzeugung, dass dieses Licht Gott sein musste. Auch wenn es eher eine Ahnung war, glaubte sie doch, sich schwach erinnern zu können, dass sie bereits vor ihrer Geburt in diesem Licht aufgehoben gewesen war.

Sie spürte tief drin in ihrem Herzen grosse Sicherheit und tiefes Vertrauen. Sie wusste einfach, dass sie ein Geschöpf Gottes war. Sie wusste, dass Gott ihr alles gegeben hatte, was sie brauchte für dieses Leben. Auch diese Liebe. Sie wusste, dass diese Liebe zu ihr gehörte. Sie war ein Teil von ihr. Und diesen Teil würde sie bei ihrem Tod mit sich nehmen können.

Trotz dieser Gewissheit, dass die Liebe in ihr ruhte und dass für sie gesorgt war, war sie voller Sehnsucht. Ihr Herz suchte ein Gegenüber, mit dem sie ihre Liebe teilen konnte. Einen Partner im Jetzt und ganz konkret.

Wie alle anderen, wollte auch sie einen Menschen finden, dem sie ihre Liebe schenken konnte. Und dieser gestresste, kranke Mann vor ihr, dem nun die Tränen in vollem Lauf die Wangen herunter kullerten und dem sie vorhin sanft über das Haar gestrichen war, der schien ihr einen Versuch wert!

Sie spürte eine gewisse Seelenverwandtschaft. Sie seufzte aus tiefem Herzen und erhob sich von seiner Bettkante.

War's das?

Hildegard war gegangen und sofort hing Raoul wieder seinen Gedanken nach.

Trotz seines erfolgreichen Lebens schien es ihm plötzlich, das könne nicht alles gewesen sein. Er fragte sich, ob er eine Spur gezogen habe mit seinem Leben. Ob sein Leben wichtig gewesen sei für ihn und für andere.

Gewiss war er als Chef und Gründer dieser Holding für viele Menschen wichtig. Gewiss hatte er einiges geleistet in seinem Leben. Gewiss hatte er eine Menge Geld verdient und hatte vielen Menschen Arbeit und Verdienst gegeben. Gewiss war er stets um das Wohl seiner Mitarbeiter besorgt gewesen und hatte ihnen in Notsituationen unbürokratisch geholfen.

Aber war das genug? War er dazu geboren worden ein erfolgreicher Geschäftsmann zu sein mit viel Geld und grossem Prestige? War das seine Lebensaufgabe?

Er war sich nicht mehr so sicher. Sein bisheriges Leben war bestimmt nicht schlecht und er hatte viel für andere getan. Er hatte stets sein Bestes gegeben und hatte sich dabei seine Träume erfüllt.

Doch seine Begegnung mit dem nahen Tod verunsicherte ihn irgendwie: Da war doch noch was! Aber was? Hatte er etwas ausgelassen?

***

Er war müde und hätte gerne etwas geschlafen. Aber wie sollte er schlafen können, wenn er sich kaum bewegen konnte vor lauter Schläuchen und Drähten?

So auf dem Rücken liegend konnte er doch nicht schlafen! Für gewöhnlich lag er nachts auf dem Bauch. Er versuchte sich wenigstens etwas auf die Seite zu drehen. Sofort durchzuckte ihn ein stechender Schmerz auf der rechten Seite, so dass er es gerne bleiben liess.

Gleichzeitig piepste es wieder wie verrückt und Hildegard kam herbei gestürmt. Zum Glück nichts Schlimmes. Eine Elektrode hatte sich gelöst. Der Schaden war rasch behoben, noch bevor die ganze Equipe zusammengelaufen war.

Ok, wenn von schlafen schon keine Rede sein konnte, versuchte er wenigstens etwas zu dösen. Er blieb einfach so liegen. Er wollte mal gar nichts mehr denken. Nicht an Bettina, nicht an sein Handy, nicht an die Vulkanier und auch nicht an sein Nahtoderlebnis. An gar nichts. Er war müde und ihm war alles egal.

Schon bald fielen ihm die Augen zu und er schlief trotz allen Aufregungen tief und fest.

Tief drin in seinem Herzen meldete sich leise eine feine Stimme. Es war mehr ein Gefühl als eine Stimme. Erst undeutlich, wie ein feines Silberglöckchen, dann immer deutlicher:

Du hast Dich vergessen!

Raoul schreckte auf. Was war das? Hatte er geträumt oder war jemand in der Koje nebenan? Jetzt war die Stimme wieder weg. Hatte er sie wirklich gehört? Oder war es nur ein Traum?

Er versuchte sich zu erinnern. Was hatte die Stimme gesagt? Er hätte sich selbst vergessen? Das konnte nicht sein! Er hatte doch alle seine Pläne umgesetzt. Er hatte doch ein Leben lang seine ganze Energie dazu verwendet, seine Vision Wirklichkeit werden zu lassen. Was soll er denn vergessen haben?

Aber in seinem Inneren liess die Stimme nicht locker. Sie war nun klar und deutlich und wiederholte ständig denselben kurzen Satz: „Du hast D i c h vergessen!"

Hä? Mich? Ich soll mich vergessen haben?

Er versuchte die Stimme zu ignorieren. Ohne Erfolg. Er protestierte: Er hätte die Antwort ja schon gegeben, bei ihm sei alles in Ordnung und er wünsche, nun in Ruhe gelassen zu werden.

Aber die Stimme liess nicht locker und wiederholte ständig dieselben Worte: „Du hast DICH vergessen!"

Raoul wurde ungehalten und begann mit der Stimme laut zu schimpfen. „Lass mich endlich in Ruhe! Hast du nichts Besseres zu tun, als halbtote Patienten an ihrer Genesung zu hindern? Schweig jetzt! Wir reden morgen weiter."

Offenbar war er wirklich laut geworden, denn Hildegard streckte erneut ihren Kopf durch den Vorhang. Dann schlug sie diesen mit einer weiten Handbewegung zurück und trat näher. „Mit wem schimpfen sie denn so?"

Raoul hatte keine Antwort. Er schämte sich, dass Hildegard offenbar von seinem Problem etwas mitbekommen hatte. Schliesslich sagte er nur: „Ich kann nicht schlafen."

„Kein Problem", meinte Hildegard. „Ich bringe ihnen gleich etwas."

***

Als Raoul wieder erwachte schienen sich die Nebel in seinem Herzen etwas gelichtet zu haben. Ihm war klar geworden, dass er sich und sein Inneres tatsächlich vernachlässigt hatte! Es war ihm keine Zeit für seine ureigensten Bedürfnisse geblieben!

Obwohl er sich alle äusseren Wünsche und Träume erfüllt hatte, hatte er sein Inneres und damit sich selbst übergangen. Wie konnte das passieren? Warum hatte er nichts bemerkt? Warum musste er zuerst im Spital landen, bevor er an sein Inneres dachte?

War er nun eigentlich schon wach, oder träumte er noch? Seine Gedanken drehten weiter, aber sie waren sehr klar:

Stimmt! Er hatte zu wenig an sich gedacht. Er hatte überhaupt an nichts anderes mehr gedacht als an seine Ziele und an seine Firma. Er hatte kaum Zeit für seine beiden Kinder oder für seine geliebte Frau. Ständig war er unterwegs an Sitzungen und Konferenzen.

Er war entweder im Ausland oder bei einem Essen mit Kunden. Häufig nahm er Arbeit mit nach Hause. Allerdings störten ihn dort die Kinder. Sie waren ihm lästig. Er hatte keine Zeit mit ihnen zu spielen. Die Arbeit ging vor!

Zumindest die frühe Jugend seiner Kinder hatte er dadurch verpasst. Inzwischen würde er bestimmt bald Grossvater werden. Vielleicht seine zweite Chance?

***

Je länger dieser traumartige Zustand dauerte, desto mehr wurde er das Gefühl nicht mehr los, das könne nicht alles gewesen sein.

Ja! Er hatte zu viel gearbeitet und sich selbst dabei übergangen. Sein Innerstes war verkümmert! Seine Unbeschwertheit war weg! Sie wurde durch den Ernst des Lebens ersetzt.

Er konnte sich gar nicht mehr erinnern, wann er das letzte Mal gelacht hatte. Das war bestimmt schon eine ganze Weile her! Vielleicht Jahre!

Wie konnte er nur ein Leben führen, bei dem das Lachen keinen Platz mehr hatte? Sein Leben war inzwischen so todernst geworden, dass er daran beinahe gestorben wäre!

Beinahe! Aber er sah auch etwas Gutes an seinem Beinahe-Tod. Durch die Begegnung mit dem Licht hatte er Sicherheit gewonnen. Es konnte ihm nichts mehr passieren! Selbst ein eventueller Tod würde ihn nicht umbringen. Er würde weiterleben.

Salopp gesagt müsste er nur durch diesen Tunnel kriechen und schon würde er weiterleben. Drüben würde es ihm viel besser gehen als hier! Himmlisch eben! Der Tod konnte ihm wirklich nichts anhaben.

Er wollte ja nicht klagen. Abgesehen vom Umstand, dass er zurzeit wegen seinem Herzen auf der Intensivstation lag, ging es ihm bestens.

Er hatte alles und jetzt zog er in gewissem Sinne seine Überstunden ein. Das brachte ihm viel Zeit. Irgendwo hatte er mal gelesen, Zeit zu haben sei der grösste Luxus. Genau so kam es ihm jetzt vor.

Dabei war es gar noch nicht sicher, dass ihm genug Zeit blieb, seine Zeit zu geniessen! Oder mit seiner Zeit etwas Vernünftiges anzufangen.

Er spürte plötzlich, dass er noch was anderes machen wollte, als nur sein Leben zu geniessen und in der Welt herum zu reisen. Vielleicht würde er sich bald mit seinen Enkeln beschäftigen können oder seine Memoiren verfassen. Oder...

Ohne Bettina macht es eben keinen Spass!

Seit einer Woche hatte sein Leben allerdings einen Haken. Bettina war nicht mehr dabei! Dadurch verlor das Dasein als Pensionist seinen Glanz!

Im Grunde genommen hatte er nicht für sich gelebt, sondern vor allem für Bettina. Ihr wollte er ein schönes Leben bieten, ein angenehmes Leben, in dem kein Wunsch offenblieb.

Er glaubte, dadurch würde sie sich ihm zuwenden und ihn lieben. Er wollte sie nicht kaufen. Aber er wollte sich für sie attraktiv machen!

Irgendetwas musste falsch sein an dieser Vorstellung. Er erinnerte sich an die Worte von HP, welcher befürchtete, seiner Käthi die eigene Lebenseinstellung zu sehr aufgedrängt zu haben und dass sie deswegen von ihm fortgegangen sei.

Bei ihm war die Situation aktuell sehr ähnlich: Geld war da, aber Bettina war weg! Hatte er die Rechnung ohne den Wirt gemacht? Hätte er sie fragen sollen?

Kannte er ihre innersten Ziele und Wünsche überhaupt? Kannte sie ihre eignen Wünsche? Und warum hatte sie nie davon erzählt? Warum hat sie sich nicht geoutet?

Er hatte sein Leben gelebt und war dabei selbstredend davon ausgegangen, dass sie es genauso hielt.

Glücklicherweise wollte sie stets dasselbe wie er! Oder war er zu sehr davon ausgegangen, dass sich ihre Ziele und Wünsche mit den seinen deckten?

Aber sie hatte ja die ganze Zeit am selben Strick gezogen! Woran hätte er denn merken können, dass etwas nicht stimmte? Dass sie ihr Leben nicht genauso leben wollte wie er es tat?

Er war gar nie auf die Idee gekommen sie zu fragen. Alles lief immer rund.

Vielleicht hätte er auch keine Zeit gehabt lange Gespräche zu führen. Er war im Stress. Musste Brötchen backen. Er glaubte, reden würde man später, zum Beispiel jetzt.

Sie hätte trotzdem was sagen können. Sie hätte sich durchsetzen müssen. Er hätte bestimmt ein Ohr gehabt für sie.

In jedem Eisenbahnzug gibt es eine Notbremse. Wieso hier nicht? Sie hätte die Notbremse ziehen können. Dann hätte sie nicht so kurz vor dem Ziel aus dem fahrenden Zug springen müssen.

Wozu hatte er sich denn frühzeitig vom Erwerbsleben zurückgezogen? Doch nur, um jetzt endlich leben zu können!

Er wollte zusammen mit Bettina alles nachholen, was sie verpasst hatten. Heute wäre Zeit gewesen zu reden. Oder sich selbst zu verwirklichen. Mal ein Buch zu lesen oder am Flügel zu sitzen, miteinander zu plaudern oder einen Spaziergang zu machen.

Zuerst die Saat, jetzt die Ernte. Man konnte ja nicht alles gleichzeitig haben! Säen und ernten gleichzeitig. Das ging doch nicht.

Es schien, dass es manchmal nicht so kommt wie geplant. Jetzt war plötzlich Sand im Getriebe. Bettina war weg und er lag im Spital.

Er wurde auf dem linken Fuss erwischt. Fast wäre sein ganzer Lebensplan gescheitert! Wenigstens war er selbst noch da, so dass es irgendwie weitergehen konnte.

Ideen gefragt!

Er wollte noch eine Spur ziehen. Seit seiner Nahtoderfahrung hatten sich die Akzente seines Lebens verschoben. Er wollte eine Richtungskorrektur anbringen, seine alte Spur verlassen und einer neuen folgen, welche sich abhob von der bisherigen!

Raoul erinnerte sich an Hanspeter, der mal gesagt hatte, er sei in einem langen Korridor gestanden mit vielen weissen Türen.

Nun befand er sich in derselben Situation, nur dass bei ihm der Flur durch den Infarkt deutlich kürzer geworden war. Viele Möglichkeiten fielen bereits weg. Es blieb ihm nur zu hoffen, dass die verbliebenen Möglichkeiten ausreichten für ein erfülltes Leben!

Er wollte noch etwas machen aus dem zweiten Teil seines Lebens.

***

Er erwachte langsam aus seinem Tagtraum. Frau Hildegard war bereits gegangen. Sie war zwar nicht wirklich weg. Sie war nur hinter dem Vorhang verschwunden. Er hörte sie dort hantieren.

Er fand sie nett! Und wie sie sich für ihn Zeit genommen hatte! Dabei gab es hier in dieser IPS bestimmt genug Arbeit. Er stellte verwundert fest, dass er sie jetzt gerne bei sich gehabt hätte. Er hätte es schön gefunden, wenn sie noch etwas auf seiner Bettkannte gesessen und seine Hand gehalten hätte.

Ein ganz normaler Samstag

Hanspeter war noch mit seiner Maschine auf dem Heimweg, als ihm ein Rettungswagen mit Blaulicht und Martinshorn entgegen brauste. Wenige Minuten später der Notarzt hinterher und schliesslich noch die Polizei. Da war bestimmt ein grösserer Unfall passiert, sagte er zu sich. Nächstens würde noch die Feuerwehr vorbeirasen. Er war froh, wohlbehalten zu Hause angekommen zu sein.

Hanspeter dachte, dass Raoul wieder einmal sehr anstrengend gewesen sei. Raoul wollte immer alles genau und bis ins letzte Detail wissen. Er liess nicht locker, bis er alles verstanden hatte.

Das war manchmal schon etwas mühsam. Sonst war Raoul aber in Ordnung. Ein feiner Kerl. Vielleicht manchmal etwas zu sehr von sich überzeugt. Aber er meinte es nie böse und war ein echter Kumpel.

Wie war er überhaupt auf die Idee gekommen Raoul gegenüber dieses Thema anzuschneiden? Sie hatten doch sonst nie solche Gespräche geführt. Zum Erstaunen von Hanspeter hatte Raoul sogar zugehört.

Für gewöhnlich begann Raoul doch schon nach wenigen Sätzen das Gespräch an sich zu reissen. Meistens landeten sie dann bald bei Geld, Aktien, Autos oder Fussball. Nicht mal bei Frauen, was bei anderen Kollegen sonst ein Hauptthema war.

Der Schock über den Weggang von Bettina sass offenbar tief in Raouls Gliedern. Sein Selbstbewusstsein hatte einen argen Dämpfer bekommen. Er kam ihm irgendwie hilflos vor. Vielleicht auch orientierungslos. Jedenfalls schien er nun etwas offener anderen Ideen gegenüber.

Hanspeter beschloss, in nächster Zeit ein Auge auf Raoul zu werfen. Er traute ihm jede Dummheit zu! Er wusste ja, was er selbst durchgemacht hatte. Und Raoul war noch geradliniger und konsequenter, als er selbst. Da konnte einiges passieren! Er wollte am Nachmittag mal anrufen und sich für die Einladung bedanken. Dann würde er schon hören, wie es ihm geht.

***

Hanspeter liess den Hörer sinken. Nun hatte er bereits drei Mal angerufen. Raoul hatte sich nie gemeldet und ans Handy ging er auch nicht. Immer nur die Combox. Was war bloss los mit ihm? Er beschloss, später bei ihm vorbeizuschauen. Er war beunruhigt.

Für morgen hatte er Käthi eingeladen. Sie wollten bei diesem herrlichen Sommerwetter zusammen was grillieren. Und wieder mal in Ruhe miteinander plaudern.

Er hatte das Gefühl, sie wären nun beide soweit, ohne Ressentiments und Streit zusammen ein Glas Wein trinken zu können. Sie war ihm immer noch sehr nahe und vertraut. Er hatte stets gute Gespräche mit ihr gehabt. Sie war eine interessante Frau. Er freute sich richtig auf morgen!

***

HP stand vor der Türe bei Raoul. Er hatte inzwischen noch einige Male probiert ihn telefonisch zu erreichen, aber da war nichts zu machen. Noch bevor er klingeln konnte fiel ihm ein Zettel an der Türe auf. Der war gestern noch nicht hier, da war er sich sicher. Man solle sich bei der Polizei melden, stand drauf. Dazu eine Telefonnummer. Die Türe war nicht verschlossen. Da hätte ja jeder hineinspazieren können!

Er trat ein und fand auf den ersten Blick alles normal. Alles war wie gestern. Aber wo war Raoul? Er rief nach ihm, keine Antwort. Er schaute im Garten. Auch da alles ruhig und verlassen. Wo steckte er bloss?

Irgendetwas stimmte jedenfalls nicht, das war sicher. Er ging die Treppe hoch und sah sich um. Im Bad war alles voller Blut und auch das Bett war blutverschmiert. Auf dem Schminktischchen lagen diverse Spritzen, Ampullen und Tupfer. Alles fein säuberlich aufgereiht. Ein deutlicher Hinweis. Was war hier geschehen?

Langsam stieg in ihm der Verdacht auf, dass die Sanität zu Raoul gefahren war und nicht an einen Verkehrsunfall.

Er rief Bettina an, um zu fragen, ob sie etwas wisse. Ja, sie war bereits am Morgen von der Polizei orientiert worden und befand sich gerade auf dem Weg ins Spital.

Raoul hätte einen Herzinfarkt gehabt und liege derzeit auf der Intensivpflegestation. Hanspeter wollte gleich losfahren und Raoul besuchen, aber Bettina erklärte ihm, dass auf der IPS nur engste Angehörige eingelassen würden.

Bettina wusste allerdings noch nicht, dass die Türe des Hauses offenstand. Sie beschlossen, das defekte Türschloss auswechseln zu lassen. Hanspeter solle sich doch bitte darum kümmern. Also liess er den Schlüsselservice kommen.

Dieses Ansinnen uferte aber zu einer rechten Übung aus, denn es wollte niemand kommen, weil er kein Berechtigter sei, um an dieser Türe etwas machen zu lassen.

Nach einigen vergeblichen Telefonaten kam er auf die Idee, sich an die Polizei zu wenden. Erst als diese den Auftrag an ihren Vertragspartner erteilte, kam die Sache endlich ins Rollen.

***

Bettina wurde von einer Frau Hildegard Mächler, PfFF, im Gang empfangen und gebeten hier zu warten. Sie nahm auf einem der bereitstehenden Stühle Platz und wartete.

Täuschte sie sich, oder wurde sie von dieser Krankenschwester taxiert? Dazu die herablassende Art, mit der diese Person sie musterte und dann mit schnippischem Unterton zu ihr sagte: „Bitte warten sie einen Moment hier draussen!" Sowas war sie nicht gewohnt.

Während sie wartete wollte sie Fred anrufen und Bescheid geben wo sie war. Eigentlich planten sie heute Nachmittag noch eine Spritzfahrt ins Tessin. Im offenen

Cabrio über den Gotthard! An der Seite von Fred! Welch ein Gefühl!

Alle ihre Freundinnen waren neidisch auf ihre Eroberung. Sie wusste, alle wollten Fred. Er war der Frauenschwarm schlechthin! Er hatte Charme, war witzig, gutaussehend und reich. Was wollte frau mehr?

Jedes Mal, wenn sie an Fred dachte, bekam sie Gänsehaut! Ein wohliger Schauer lief ihr den Rücken hinunter und tausend Schmetterlinge flatterten in ihrem Bauch.

Ihre Hand zitterte, als sie seine Nummer wählte. So was hatte sie seit ihrem 16. Altersjahr nicht mehr erlebt! Der Auserwählte von damals war ein Junge aus der Parallelklasse.

Damals wagte sie ihren ersten Kuss und hätte gern auch mehr gewagt, wenn nicht ihre Mutter dazwischengekommen wäre. Jetzt war dieses Herzklopfen wieder da! Sie fühlte sich wie ein Teenager!

Fred nahm das Telefon nicht ab. Wo steckte er bloss? Er hätte wenigstens zurückrufen können! Es beschlich sie ein ungutes Gefühl. War er vielleicht wieder mit seinem Cabrio an der Seepromenade unterwegs? Der Kater konnte das Mausen wohl nicht lassen.

Sie wollte ihn sofort nach ihrer Rückkehr zur Rede stellen. Das konnte er doch nicht machen. Sie war jetzt seine Freundin!

Was hatte er denn noch an der Promenade zu suchen? Eine Jüngere vielleicht? War sie nicht schön genug? Gewiss, sie hatte ein paar Gramm zugenommen, aber nicht schlimm.

Bei ihm war man nie sicher. Dabei hatte er ihr erst gestern erneut seine Liebe gestanden. Seine grosse, seine ewige Liebe! Sie sei etwas ganz Besonderes! Nicht wie die anderen. Auf sie habe er lange warten müssen. Er würde alles tun für sie. Und er würde jeden Augenblick mit ihr geniessen.

Ein bewegender Moment

Ihre Gedanken wurden von Frau Mächler unterbrochen. Herr Weger sei nun für den Besuch bereit. Sie folgte der Schwester bis hinter den Vorhang. Da war er also, inmitten von Apparaten, Flaschen und Schläuchen.

Wenigstens war das Bett frisch gemacht. Sie sah sich kurz um und bekam Angst. Was war mit Raoul passiert? Er hatte doch noch nie etwas mit dem Herzen. Er war überhaupt nie krank. Und jetzt das. Stand es schlecht um ihn?

Bettina setzte sich auf die Bettkante. Ihr kamen Tränen. Das hatte sie nicht gewollt! War sie vielleicht schuld? Hatte sein Herz den Schmerz nicht ertragen können? Sie wollte ihn in ihre Arme nehmen, aber das war gar nicht so einfach. Überall Drähte und Infusionen. Und dazu ihre Hemmungen.

Konnte oder durfte sie ihn überhaupt noch in ihre Arme nehmen? Sie hatte ihn doch verlassen. Vor einer Woche. Endgültig. Sie liebte nun Fred.

Aber Raoul liebte sie eben auch! Das spürte sie jetzt überdeutlich! Und schliesslich war er ihr Ehemann und sie immer noch Frau Weger.

***

Auch Raoul weinte. Er liess es einfach geschehen. Er konnte nichts sagen. Alle Wut und Rachegedanken waren verflogen. Sie war da! Alles Leid war wie weggewischt! Er hatte ihr verziehen. Ein tonnenschwerer Stein wurde ihm vom Herzen genommen. Sie war da! Er war glücklich! Es ging wieder bergauf. Es war nicht alles verloren! Er schöpfte Hoffnung. Am liebsten wäre er sofort aufgestanden und mit ihr nach Hause gegangen. Dann wäre alles wieder gut gewesen.

Unter Tränen fragte sie, wie es ihm gehe. Ob er Schmerzen habe. Und: Es tue ihr leid, dass es so gekommen sei. Das hätte sie nicht gewollt!

Sie fasste seine Hand und liebkoste sie lange. Dann strich sie ihm mit den Händen übers Haar und küsste ihn auf beide Wangen. Fast hätte sie ihn, wie gewohnt, auf den Mund geküsst. Aber einem kurzen Impuls folgend wich sie in letzter Sekunde zurück und küsste ihn schliesslich auf die Stirn.

Bettina sah ihn liebevoll an. Dieser arme Mann. Wie er litt!

Sie sahen einander in die Augen. Es war wieder wie früher. Sie waren einander nahe, sehr nahe!

Sie wollte ihren Kopf auf seine Brust legen und ihn umarmen. Aber Raoul zuckte zusammen. Seine gebrochenen Rippen liessen diese Nähe leider nicht zu. Stattdessen legte er seine Hand auf ihren Unterarm und begann diesen zu streicheln.

Schweigend sass Bettina da und betrachtete ihren Raoul. Noch vor einem Jahr hätte sie sich nicht im Traum vorstellen können, diesen Mann je zu verlassen. Sie hatte ihn so lieb!

Was war passiert? Hatte sie sich verändert, oder er? Hatte sie sich zu sehr an ihn gewöhnt? War der Alltag schuld? Sie wusste es nicht.

Sie wusste nur, dass Fred bei ihr eingeschlagen hatte wie eine Bombe. Mit Fred war es feurig, ekstatisch, wie im Fieber! Aber auch vergnügt, leicht und lebenslustig. Schon lange hatte sie nicht mehr so viel gelacht.

Mit Raoul war es ganz anders. Ruhiger, geradliniger, vielleicht auch ehrlicher. Raoul war treu, gutmütig und überhaupt nicht kleinlich.

Nach aussen war er der harte Geschäftsmann und innen der kleine Junge, den man einfach liebhaben musste. Er war echt zum Knuddeln. Beide hatten ihre guten Seiten. Beide hatte sie lieb!

***

Frau Hildegard zeigte sich am Vorhang und schaute demonstrativ auf die Uhr. „Sie sollten jetzt gehen! Herr Weger braucht Ruhe. Kommen sie morgen wieder."

Bettina nickte. Sie wischte sich die Tränen aus dem Gesicht und schnäuzte sich die Nase. Dann stand sie auf, gab Raoul die Hand und küsste ihn erneut auf die Stirn. Mehr traute sie sich nicht.

Aber sie flüsterte ihm ins Ohr: „Ich hab dich lieb!" Sie wolle morgen wiederkommen. Ob er etwas brauche.

Raoul hatte es gehört und sein Herz hatte es auch gehört. „Ich hab dich lieb!" Voller Liebe wiederholte sein Herz die Worte: Ich hab dich lieb! … Ich hab dich lieb! … Lieb, … Liebe, … lieben, … .

Er brachte keinen Ton heraus. Also liess er den Abschied über sich ergehen, ohne etwas zu sagen.

An sein Handy hatte er nicht gedacht.

***

Als Bettina gegangen war, war Raoul zutiefst traurig. Er weinte immer noch. Ihr Weggehen erinnerte ihn wieder an die Realität. Vorübergehend hatte sich die Sonne gezeigt. Aber jetzt war wieder alles dunkel und es herrschte Dauerregen. Wohin ging sie denn? Doch von ihm weg direkt zu Fred. Etwas anderes konnte er sich nicht vorstellen. Von wegen „ich hab dich lieb!"

Was war nur in Bettina gefahren? War sie von allen guten Geistern verlassen? Wie konnte sie ihm nur solche Hoffnungen machen? Wollte sie ihn quälen?

Warum hatte sie ihm ein solches Theater vorgespielt? Warum hat sie sich auf sein Bett gesetzt und seine Hand liebkost? Warum ihn geküsst? Und dann dieser Abschied!

Er konnte nicht mehr. Er hielt das nicht mehr aus! Er wollte sie anrufen und ihr sagen, sie solle morgen nicht kommen. Aber da fiel ihm ein: Er hatte kein Handy. Er hatte glatt vergessen, sie darum zu bitten!

Raoul weinte. Was war bloss los mit ihm? Er kannte sich nicht mehr. Er weinte sonst nie! Aber heute war ein spezieller Tag. So viel wie er heute Morgen erlebt hatte, erlebte ein normaler Mensch nicht in einem ganzen Jahr.

Begonnen hatte es ja eigentlich bereits gestern Abend bei dem Gespräch mit Hanspeter. Er hatte noch gar keine Zeit gefunden über alles nachzudenken.

Was hatte HP gesagt? Jeder sei für sein Glück selbst verantwortlich und habe sogar die Pflicht glücklich zu sein. Leider hatte er nicht gesagt, wie das gehen soll! Oder doch? Er versuchte sich zu erinnern.

Wie werden wir glücklich?

Hanspeter hatte die neuen Schlüssel für Raouls Haus in der Tasche. Nun war wieder alles ordentlich zugesperrt. Er fragte sich, ob er sie ihm heute noch ins Spital bringen sollte. Vermutlich keine gute Idee, wenn sie ihn sowieso nicht zu ihm liessen. Er war schliesslich nur ein Freund, kein engster Verwandter.

Also beschloss er, ihn später zu besuchen, wenn er nicht mehr auf der IPS lag. Bis Raoul nach Hause durfte, vergingen bestimmt noch Tage. Genug Zeit also. Seine Schlüssel brauchte er währenddessen sowieso nicht.

Heute hatte HP das Bad geputzt. Das hatte schlimm ausgesehen! Am nächsten warmen Tag, vielleicht sogar gleich am Montag, wollte er noch das Bett frisch beziehen. Dabei könnte er sich einen ruhigen Tag machen im Garten von Raoul oder unten am See und die Bettwäsche gleich vor Ort waschen.

Er würde seinen CD-Player mitnehmen und etwas Musik hören, sich einen Drink genehmigen, ein Buch lesen und dazwischen ein Bad nehmen im See. Wunderbar! Er war sich sicher, dass das in Raouls Sinne war.

Er hatte ja auch noch die CD von Kraska. Auch die wollte er mitnehmen und nochmals hören, bevor er sie an Raoul ausleihen würde. Dieser würde daran bestimmt einige Tage zu kauen haben. Aber das Thema interessierte Raoul bestimmt:

„Wie werden wir glücklich?"

„Allerdings", durchfuhr es HP, „könnte es auch etwas zu viel sein für ihn!" Raoul war sich solche Gedanken noch nicht gewohnt und würde sich bestimmt aufregen. Vielleicht war es besser, wenn er ihn etwas vorbereiten würde. Vor allem die Passage vom Schicksalsschlag, welchen die Seele provoziere, wenn man nicht auf sie höre, könnte für Raoul in der aktuellen Situation schwer zu verstehen sein.

Hanspeter dachte nochmals über das Gespräch von gestern Abend nach. Es war wirklich erstaunlich, welche Veränderung mit Raoul vor sich gegangen war. Er interessierte sich plötzlich auch für andere Themen als nur für seine Arbeit oder Geld. Natürlich war er immer noch der alte, aber doch!

Hanspeter wollte dranbleiben. Vielleicht konnte er ihm helfen. Jedenfalls wollte er auf weitere Gespräche vorbereitet sein.

Dazu holte er jetzt die CD aus dem Gestell und hörte sie nochmals genau an. Kraska war einfach genial. Dieser Mann konnte mit wenigen Worten viel sagen. Eine seltene Gabe! Leider!

Hilflos im Bett

Da lag Raoul nun, angeschlagen und auf fremde Hilfe angewiesen. Angekettet an die moderne Medizin-Technik, die ihn am Leben erhielt. Eine für ihn nicht nur ungewohnte, sondern absolut undenkbare Situation! Er, der Kämpfer, der alles selbst und allein machen wollte! Er, der sich noch nie helfen lassen konnte.

Dieser Mann musste nun Pipi machen. Er konnte nicht mehr warten. Aber was tun? Er wollte nicht einfach fahren lassen. Das Bett war erst frisch bezogen worden. Das kam nicht in Frage.

Aber an Aufstehen war auch nicht zu denken. Er konnte sich ja nicht mal aufsetzen, ohne dass ihm schwindelig wurde und alle Apparate verrücktspielten.

Sollte er wirklich diesen Notfallknopf drücken, der direkt vor seiner Nase baumelte? War das ein Notfall? Welch eine Erniedrigung. Dann kam bestimmt die PfFF Hildegard mit einer Pinkelflasche und schob sie ihm unter die Decke. Klar, sie war sich das gewohnt. Das war ja schliesslich Teil ihres Berufes. Aber er war sich solches nicht gewohnt.

Er konnte doch nicht zulassen, dass ihm eine fremde Frau beim Pinkeln helfen musste! Schliesslich konnte er aber nicht mehr länger warten und betätigte die Glocke.

Hildegard streckte ihren Kopf durch den Vorhang und fragte, wo der Schuh drücke. Raoul gab zur Antwort: „Nicht der Schuh, die Blase. Bitte schnell!"

Wie er es vorausgesehen hatte, schob sie ihm die Flasche unter die Decke und fädelte gleich noch ein. Also das hätte er auch allein fertiggebracht. So krank war er noch lange nicht.

Aber sie machte es mit einer solchen Routine, dass er es geschehen liess. Protest hätte bestimmt nicht geholfen. Und dann verschwand sie diskret wieder hinter dem Vorhang. Routine, alles Routine. Er machte sich viel zu viele Gedanken.

Nach einigen Minuten erschien sie wieder, griff sich die Flasche und schüttete den ganzen Inhalt in ein Messglas. Sie führte tatsächlich Buch über jeden Milliliter!

Bevor er fragen konnte, erklärte sie ihm, sie müsse alles genau notieren, damit der Arzt über seine Ausscheidungen Bescheid wisse.

Seine Flüssigkeitsbilanz sei so lange wichtig, wie er hier auf der IPS liege. So könne der Arzt frühzeitig erkennen, wenn sein Herz nicht recht funktioniere oder wenn er Wasser auf der Lunge bekomme. Wenn alles normal sei, dann sei das ein gutes Zeichen und beschleunige die Verlegung auf die Abteilung.

Aha, sein Wasser war also wichtig, weniger sein Herz, dachte Raoul. Vermutlich war er bereits auf dem Weg zur Besserung. Ok, ihm sollte es recht sein!

Allmählich bekam er Hunger. Raoul erinnerte sich daran, dass er seit Stunden nichts mehr gegessen hatte. Hier angekommen war er am Vormittag und nun war es bereits später Nachmittag. Hatte man ihn vergessen?

Oder hätte er sich melden müssen? Er beschloss zu fragen.

Es dauerte nicht lange und Hildegard kam mit einer Infusionsflasche in der Hand wieder an sein Bett.

„Entschuldigen sie", wandte er sich an sie, „gibt es hier bestimmte Essenszeiten? Habe ich das Essen vielleicht verschlafen? Ich habe Hunger!"

Hildegard konnte ihn beruhigen. Es hatte alles seine Richtigkeit. Zuerst musste sein Kreislauf stabilisiert werden, bevor er essen durfte. Aber nun sei alles soweit gut, so dass er in einer halben Stunde sein Essen erhalten werde. Es sei ein gutes Zeichen, wenn er Hunger habe.

Bald darauf brachte Hildegard Herrn Weger sein Tablett mit Kaffee, zwei Scheiben Brot, Butter und Konfitüre.

Raoul meinte, das sei doch eher ein Frühstück und fragte, ob er das Mittagessen noch nachgeliefert bekomme. „Nein, nein", meinte Hildegard, „das ist unser Standard für die erste Mahlzeit hier. Ab morgen läuft dann alles wie gewohnt. Für die Nacht bringe ich ihnen noch etwas Zwieback."

Bettina wird unruhig

Bettina war inzwischen zu Hause. Sie wurde unruhig. Warum hatte Fred immer noch nicht zurückgerufen? Sie hatten sich doch auf 14 Uhr verabredet! 14 Uhr war aber längst vorbei! Ihr war nicht klar, ob die Zeit heute noch reichte für die Fahrt ins Tessin.

Ihr Gesicht war verweint und die Wimperntusche verschmiert. So konnte sie auf keinen Fall zu ihm. Sie musste sich zuerst wieder in Ordnung bringen. Sie wollte sich beeilen und dann nochmals anrufen. Es beschlich sie ein ungutes Gefühl.

Sie packte das lange Schwarze mit den extravaganten Trägern ein. Dazu die neue Spitzenunterwäsche, für welche sie extra nach Luzern gefahren war. Die Spezialboutique direkt am Schwanenplatz war ein Geheimtipp. Sie kannte das Personal schon lange und war stets aufs Beste beraten worden.

Die Beraterinnen waren wie Freundinnen und konnten meist erraten, was sie sich wünschte, noch bevor sie es selbst wusste. Von diesem Hauch von Stoff würde Fred begeistert sein, da war sie sich sicher!

Aber wo steckte er bloss? Sie wusste, dass Fred manchmal etwas unzuverlässig war und gelegentlich einen Termin verpasste. Aber gleich um mehrere Stunden! Das kam bisher noch nie vor. Und ausgerechnet heute, wo sie Grosses vorhatten. Was war los mit ihm?

War vielleicht etwas passiert? Sowas kam ja immer im unpassendsten Moment. Wie bei Raoul. Vielleicht war auch was mit Fred. Vielleicht brachte sie ihren Männern Unglück und einer nach dem anderen landete im Spital!

„Ach was!" Sie wischte ihre Gedanken mit einer unwirschen Handbewegung weg.

„Was bin ich doch blöd! Beginne mir schon Sorgen zu machen um diesen Schürzenjäger und denke nicht mal mit einem einzigen Gedanken an das Wahrscheinlichste: Dass er sich wieder mal Eine aufgegabelt hat."

„Na warte Bürschen! Dir werde ich's zeigen! Du wirst mich noch kennen lernen! So was macht man nicht mit mir!"

Ihre Besorgnis war in Wut umgeschlagen. Sie schmiss den bereits fertig gepackten Koffer mit den Spitzenhöschen und dem langen Schwarzen auf den Balkon. So war er wenigstens aus ihren Augen. Sie mochte nicht mehr länger an ihre Schmach erinnert werden.

Hatte dieser Kerl ihr doch versprochen das Weekend mit ihr zu verbringen. Und jetzt erschien er einfach nicht, meldete sich nicht und hatte das Handy ausgeschaltet, einfach so. Wie wenn sie ihm gar nichts bedeuten würde!

Dabei war sie doch nur für ihn von Raoul weg. Fred hatte sie zu diesem Schritt gedrängt. Er hatte ihr ständig Komplimente gemacht, hatte sie vergöttert und ihr versichert, er könne ohne sie nicht leben! Er hatte ihr das Blaue vom Himmel versprochen. Wollte nur noch für sie da sein, usw.

Bei ihr sei es anders, hatte er ihr versichert! Anders als bei all den anderen, die er bisher gekannt habe. Keine von denen hätte er geliebt. Das seien nur flüchtige Bekanntschaften gewesen.

Aber bei ihr sei es was ganz anderes! Sie sei etwas Besonderes! Sie würde er lieben, mehr als alles und mehr als alle!

Sie sei genau die Frau, die er die ganze Zeit gesucht habe. Sie habe Format. Von ihr hätte er die ganzen Jahre geträumt. Keine andere könne ihr das Wasser reichen. Sie sei intelligent, hübsch und wisse sich in gehobenen Kreisen zu bewegen. Mit ihr könne er sich zeigen, ohne sich zu blamieren. Er würde sich mit ihr eine grandiose Zukunft vorstellen!

Er wollte ihr sogar eine eigene Wohnung kaufen. Sie müsse doch standesgemäss leben. Mindestens so luxuriös wie bei Raoul. Er würde es nicht ertragen, wenn sie für ihn alles aufgeben müsste. Er wolle ihr was bieten.

Die kleine Dreizimmerwohnung, in der sie vorübergehend untergeschlüpft war, sei keine dauerhafte Bleibe für sie. Sie sollte es nie bereuen müssen von Raoul weggegangen zu sein.

Sie hatten deshalb zusammen bereits mehrere Wohnungen angeschaut. Aber Fred war keine gut genug. Er suchte das Non plus Ultra für seine Angebetete.

An jeder Wohnung hatte er etwas auszusetzen: Mal fehlte das Cheminée, mal war die Terrasse zu klein oder nicht gedeckt, mal fehlte die Seesicht, usw.

Sie begann zu zweifeln, ob es so eine tolle Wohnung überhaupt gab. Jedenfalls ging die Suche weiter, obwohl sie Bedenken hatte, ob er es wirklich ernst meinte mit diesem Vorhaben.

Unklar blieb auch, wieso er nicht wollte, dass sie direkt bei ihm einzog. Das wäre auf jeden Fall „standesgemäss" gewesen. Und einfacher.

Fred auf der Pirsch

Fred hatte sein Handy ausgeschaltet. Er wollte nicht, dass man ihn orten konnte. Es gab neuerdings sogar eine App, mit der man jederzeit feststellen konnte, wo sich der Gesuchte aufhielt. Das wollte er auf keinen Fall. Wer weiss, ob die eifersüchtige Bettina nicht eine solche App installiert hatte. Er wusste zwar nicht genau, wie sowas funktionierte, aber er war überzeugt, dass er durch Ausschalten des Handys vor ihr und anderen Spionen sicher war.

Er wollte die aufreizende Blondine, die so bereitwillig in seinen Wagen gestiegen war, unbedingt etwas näher kennenlernen. Mit Bettina war er erst für 14 Uhr verabredet. Er musste sich also nicht beeilen. Und vielleicht würde er sich auch etwas verspäten. So what? Aber so eine Gelegenheit konnte er sich unmöglich entgehen lassen! Bettina hin oder her. Man konnte ja nie wissen.

Eigentlich war er wie immer langsam am Quai entlang gerollt mit etwas Musik an. Rein zufällig. Oder aus Gewohnheit, aber bestimmt ohne Absichten.

Die grosse schlanke Erscheinung mit ihren hochhackigen Stöckelschuhen und den langen blonden Haaren war ihm schon von weitem aufgefallen. Ihr kurzer, nur bis zum Ansatz der Oberschenkel reichender, enganliegender Mini betonte ihre Kurven auch von hinten.

Zum Glück fuhr er nur Schritttempo, sonst hätte er vielleicht noch einen Unfall gebaut, so fasziniert starrte er auf ihren Po. Seine Augen konnten nicht von ihr lassen. Und die Beine! So lange und wohlgeformte Beine hatte er noch nie gesehen. Einfach eine Wucht! Als er näherkam, konnte er sogar ihren String erahnen.

Unverhofft wandte sie sich um und schaute ihm direkt ins Gesicht. Er wusste nicht recht, ob er jetzt errötete. Auf jeden Fall wurde ihm heiss.

Er fühlte sich ertappt. Obwohl er sich für einen recht abgebrühten und mit allen Wassern gewaschenen Jäger hielt, blieb ihm in diesem Augenblick fast das Herz stehen!

Bettina musste warten. Für sie blieb noch genug Zeit. Er hatte ja das ganze Wochenende für sie reserviert. Aber diesen Fisch musste er an Land ziehen. Ein Geschenk des Himmels!

Und schon bückte sie sich und lehnte mit verschränkten Armen in seinen Wagen. Nun konnte er ihre Figur auch von vorn ausgiebig bewundern.

Und das tat er denn auch. Er war sprachlos. Und das will was heissen. Er war sonst nie sprachlos. Behielt immer die Oberhand.

Aber diesmal hätte er am liebsten seine Hand ausgestreckt und diese Wunder der Natur berührt. Natürlich trug sie nichts drunter. Lauter Wonne pur.

Da fragt dieser Engel auch schon, ob sie mitfahren dürfe. Tja, und ob sie durfte! Was für eine Frage. Es gab nur eine einzige Frage, die er noch lieber mit „ja!" beantwortet hätte. Aber dafür war es noch zu früh.

Beim Einsteigen, als sie die Beine etwas öffnen musste, rutschte der Mini gefährlich hoch und gab klare Einblicke auf ihre Konturen frei. Der String war hier so hauchdünn, dass er sehen konnte, dass sie rasiert war.

Er begann sich zu fragen, ob er träume. So viel Glück konnte ein einzelner Mann doch gar nicht haben. Da stieg der Traum aller Männer gerade in sein Auto. Völlig freiwillig! Ohne sein Zutun. Sogar ohne Rosen. Volltreffer!

Jetzt musste er cool bleiben! Durfte sich nichts anmerken lassen von seiner Aufregung. Sein Herz klopfte wie verrückt. Bestimmt konnte sie das durch sein geöffnetes Hemd sogar sehen.

Zum Glück hatte er heute früh noch seine braungebrannte Brust enthaart und das neue, trendige After-Shave aufgetragen.

Die Verkäuferin in der Boutique hatte ihm geschworen, sie und alle ihre Freundinnen würden darauf völlig abfahren! Ok, wenigstens musste er sich nicht blamieren. Er war bereit!

Gang rein und los! „Wohin soll's denn gehen?", war sein erster Satz zu ihr. Er kam sich vor wie ein Schuljunge beim Examen, so aufgeregt war er.

Er wusste nicht mal ihren Namen. Sollte er fragen, oder war es vielleicht besser, wenn beide anonym blieben? Wer weiss, was da noch alles auf ihn zukam.

Er musterte sie verstohlen von der Seite. Sie war blutjung und sehr hübsch. Ihr schlankes Gesicht wurde von ihren langen Locken umschmeichelt. Die blonde Fülle reichte ihr bis auf die Brust.

Ihre Stirn, ihre schlanke, elegante Nase und ihr Mund mit den leicht geöffneten, vollen Lippen bildeten von der Seite eine vollkommene Silhouette. Und wenn sie ihn mit ihren tiefblauen Augen ansah, dann schmolz er regelrecht dahin.

Da sie ihm die Antwort schuldig blieb, schlug er vor, am See entlang zu fahren. Er kenne ein lauschiges, kleines Grottino mit einem schattigen Garten unter alten Bäumen, direkt am Ufer.

Dort würde es ihr bestimmt gefallen. Er kenne den Wirt persönlich, ein Namensvetter von ihm. Er würde von ihm stets den besten Platz zugewiesen bekommen.

Joy an der Angel

Ihr war es recht. Eine Spritzfahrt im rassigen Sportwagen, dazu Sonne, Wind in den Haaren und die Aussicht auf ein feines Mittagessen mit einem Glas Champagner, was wollte sie mehr?

Kam dazu, dass ihr der elegante Herr, den sie sich geangelt hatte, ganz gut gefiel. Genau das hatte sie gesucht. Sie hatte genug von den mittellosen Studenten, die ihr zwar den Hof machten, aber dann nicht mal die Cola bezahlten in der Disco.

Da schmeichelte ihr dieser ältere Herr, ein Mann von Welt, schon eher. Sie war sich sicher, dass er viele wichtige Beziehungen hatte.

Bestimmt würde er sie stolz einführen in seinen Kreisen. Die beste Gelegenheit eine Menge wichtiger Leute und vor allem Männer kennen zu lernen. Männer mit Geld. Sie suchte ein Leben im Luxus!

Dafür hatte sie heute den ganzen Morgen aufgewendet. Sie war jung und hübsch, ja klar! Aber das sind viele. Sie wollte sich von ihren Kolleginnen abheben. Sie musste sie ausstechen!

Sie hatte ihr Outfit für den heutigen Tag ganz bewusst zusammengestellt. Sie hatte Akzente gesetzt und ihre Wirkung auf Männer genau kalkuliert.

Auch ihre Route an der Seepromenade hatte sie geplant. Es musste ein Abschnitt sein, an dem die Strasse möglichst nahe am Gehsteig vorbeiführte, damit sie gesehen werden konnte. Dann musste sie nur noch nach dem geeigneten Wagen Ausschau halten.

Diesen Tipp hatte sie von einer Freundin, die schon seit Jahren auf diese Weise ‚auf Erkundung des Geländes' ging, wie sie sagte.

Und was die ihr schon alles berichtet hatte! Unglaubliche Stories. Sie war eine richtige Expertin geworden. Sie hatte sie auch vor zweifelhaften Typen gewarnt. Aber bei diesem hier war sie sicher, dass der kein Perverser war.

Er war genau der Richtige: Ein Aufschneider der alten Schule, aber bestimmt korrekt. Ein Macho, ein Gigolo, aber mit Geld. Das war das Wichtigste. Wenn er dazu noch gut aussah, umso besser!

Sie wollte sich ja vor ihren Kolleginnen nicht blamieren. Sie wollte auch keine Sprüche hören wie: „Was machst du denn mit dem alten Geldsack?"

Er sollte neben dem Geld eben auch noch was draufhaben und gut aussehen, damit sie sich mit ihm zeigen konnte. Das war hier eindeutig der Fall. Und so richtig alt war er ja auch nicht. Alles ok. Es konnte losgehen!

***

Fred schwenkte in die Hofeinfahrt ein. Eine Allee geleitete sie zu einem alten, strohbedeckten Haus. Alles fein säuberlich herausgeputzt, fast wie die alten Weingüter in Südafrika.

Das Haus strahlte eine gewisse Noblesse aus mit seinen weiss getünchten Wänden, den Rundbogenfenstern, welche bis zum Boden reichten und den vielen Blumen überall.

Nur wenige Autos parkten davor. Kein Wunder. Dieses Haus war für nicht Eingeweihte kaum zu finden. Es lag zwar direkt am See, hatte aber keinen eigenen Bootssteg und war deshalb nicht so überlaufen, wie die anderen Lokalitäten mit einer Unmenge Boote am Steg.

Und wie Fred versprochen hatte, kam der freundliche Wirt herbeigeeilt und öffnete der jungen Beifahrerin die Autotüre.

„Treten sie bitte ein, Madame! Herzlich willkommen!" Dabei zwinkerte er Fred heimlich zu und machte eine anerkennende Handbewegung. Laut sagte er: „Ich werde Ihnen eine lauschige Ecke direkt am Seeufer bereitmachen, sofern sie das möchten." Und ob sie das wollten!

Der Herr Wirt ging dem Paar voraus zu einem versteckten Plätzchen, einer Art Chambre-Séparée im Freien unter alten Bäumen, aber mit eigenem Seezugang.

Da standen zwei sehr bequeme Sessel im Schatten neben einer Hollywood-Schaukel. An der Sonne zwei bequeme Liegen mit vielen Kissen und in der Mitte ein kleines Tischchen. Auch Decken waren da. Vermutlich für den Fall, dass sie länger blieben. Alles abgetrennt vom restlichen Garten und absolut uneinsehbar für die übrigen Gäste.

***

Joy rieb sich die Hände. Genau so hatte sie es sich vorgestellt. Sie wunderte sich, dass ihre Freundin ihr davon noch nie erzählt hatte. Oder war sie am Ende noch gar nie hier gewesen? Schade für sie. Das war wirklich der wunderbarste Ort, den man sich dafür vorstellen konnte.

Der Wirt brachte die Speisekarte persönlich vorbei und stellte sich der Begleitung von Fred vor: „Sono Alfredo, un amico di Fred.", und zu ihm gewandt: „Come vai, Fredo?"

Fred schenkte sich die Antwort. An deren Stelle bestellte er eine Flasche Prosecco der Hausmarke, schön kühl und dazu ein grosses stilles Wasser.

Der Wirt empfahl den heutigen Tagesteller, bestehend aus „Surf and Turf" und dazu einen frischen Blattsalat. Sie nickte und Fred bestellte.

Es vergingen nur wenige Minuten bis Alfredo mit dem Prosecco wieder erschien. Er brachte gleich noch einige Amuse Bouches mit.

„Mit den besten Empfehlungen der Küche und auf einen schönen Nachmittag! Mögen die Herrschaften sich in unserer Oase wohlfühlen!" Mit diesen Worten zog er sich wieder diskret zurück, nachdem er ihre Gläser gefüllt hatte.

Fred fragte sich, wie sie wohl hiess. Es liess ihm keine Ruhe. So entschloss er sich, sie zu fragen und stellte sich vor: „Darf ich mich mit dem Vornamen vorstellen? Mein Name ist Fred. Ich möchte mich Alfredo anschliessen und dir auch in meinem Namen einen wunderbaren Nachmittag wünschen!"

Sie setzte sich auf, blickte ihm direkt in die Augen und sagte: „Mein Name ist Susanne, aber meine Freunde nennen mich Joy! Es freut mich sehr, dich kennen zu lernen, Fred!" Sie küsste ihn flüchtig auf die Wangen und bedankte sich für die Einladung.

Beide nahmen einen ersten Schluck. „Der beste Prosecco weit und breit!", fand Fred.

Hier stimmte einfach alles, das Essen, der Prosecco und natürlich das Ambiente. Und meistens auch die Begleitung.

Bei seiner Begleitung war Fred allerdings sehr wählerisch. Er kam nicht mit jeder hierher. Aber heute war ein ganz besonderer Tag.

Er dachte bei sich: „So, Joy heisst sie also. Ein Name, der genau so viel verheisst, wie sie in Wirklichkeit verspricht! Man muss einfach ins Schwärmen kommen, wenn man sie ansieht. Diese Lippen!

Er wollte mehr wissen über sie und fragte daher: „Was machst du so?"

Joy antwortete ausweichend, sie sei Studentin. Sie studiere Kunstgeschichte und deutsche Literatur. Sie hielt ihre Aussage absichtlich etwas vage.

Aber Fred war zufrieden mit diesen Angaben und beliess es dabei. Beide Themen waren ab jetzt für ihn Tabu, denn er wollte sich auf keinen Fall aufs Glatteis wagen und Fragen stellen über Dinge, die er nicht verstand.

Beide waren froh, als Alfredo mit dem Salat kam. Er, weil er nichts mehr zu fragen traute und sie, weil sie keine Antwort hätte geben können.

Für gewöhnlich war es eher so, dass er umso gesprächiger wurde, je mehr ihm das Gegenüber gefiel. Aber diesmal war alles anders. Joy machte ihn sprachlos.

Er konnte nur einen Gedanken denken, und den konnte er nicht, noch nicht, aussprechen. Er dachte nur noch an ihre langen und wohlgeformten Beine und an den kurzen

Augenblick, als ihr Mini so weit hochgerutscht war, dass er weit mehr sah, als es ziemlich gewesen wäre. Wieder wurde ihm ganz heiss.

Beide assen schweigend ihren Salat. Er war reichhaltig, schön dekoriert und erfrischend. Aber das Schweigen drückte.

Beide beschlich das beklemmende Gefühl, nicht mehr weiter zu wissen. Waren sie in einer Sackgasse angelangt, bevor der Nachmittag richtig begonnen hatte?

Die wunderbare, schattige Ecke am See, das strahlende Sommerwetter und ein nettes Gegenüber. Eigentlich war alles perfekt. Trotzdem beschlich beide ein komisches Gefühl.

Fred schaute heimlich auf seine Uhr. Fast zwei Uhr! Das hier dauerte noch mindestens zwei Stunden, eher länger. Was wird Bettina wohl sagen?

Er musste sich etwas einfallen lassen. Einerseits wollte er Bettina nicht verärgern. Aber vermutlich war es für solche Überlegungen bereits zu spät.

Und andererseits sass ihm die absolute Traumfrau gegenüber! Für eine solche Sexy-Gelegenheit hatte er jahrelang auf der Lauer gelegen und allerlei auf sich genommen.

Beide wollte er nicht aufgeben. Weder Bettina noch Joy. Ein seltsames Dilemma, plötzlich im wahrsten Sinne des Wortes zu viel des Guten zu haben!

***

Joy musterte Fred verstohlen. Wie wird der angebrochene Nachmittag wohl weiter gehen? Soweit war er ja ganz nett und der Ort war fantastisch. Aber was sollte sie mit ihm reden?

Sie konnte ihm ja wohl kaum erzählen, was sie wirklich tat und wovon sie lebte. Und vom Studium erzählen mochte sie auch nicht, denn so viel Phantasie hatte sie nicht. Sie hätte sich vorher darüber Gedanken machen müssen.

Am liebsten wäre sie sogleich nackt in den See gesprungen und hätte sich etwas abgekühlt. Dann wären die Dinge von allein ins Rollen gekommen.

Die Stille wurde immer drückender. Just als es für beide unangenehm zu werden drohte und beide insgeheim hofften, der andere würde endlich ein interessantes Thema anschneiden, kam Alfredo mit dem Hauptgang. Beide waren erleichtert, dass dieses wortlose Gespräch unterbrochen wurde.

Alfredo bemerkte die etwas angespannte Lage und versuchte auflockernd zu wirken. „Die Krebse sind so frisch, dass wir aufpassen müssen, dass niemand in die Zehe gebissen wird!" Dazu lachte er über das ganze Gesicht.

„Ich konnte sie leider nicht selbst fangen wie früher. Aber ich versichere ihnen, dass sie heute früh noch auf Sardinien am Strand herumgekrabbelt sind. Sie wurden von meiner Heimat direkt hierhergeflogen. Ich habe sie persönlich am Flughafen abgeholt.

Sehen sie nicht schön aus?" Mit diesen Worten stellte er die beiden Teller auf den Tisch, schenkte nach und zog sich wieder zurück.

Das Essen schmeckte köstlich. Mit dem Essen und einer zweiten Flasche Prosecco kamen auch die Lebensgeister langsam zurück.

Fred hatte beschlossen, Bettina für heute zu versetzen. Sein Handy sollte noch eine Weile ausgeschaltet bleiben. Dafür wollte er sich umso mehr um Joy kümmern. Wenn er schon Bettina opferte, dann sollte Joy die Lücke wenigstens angemessen füllen.

Das Rufen der Seele

Hanspeter hatte im Sinn, bei Gelegenheit mal Kraskas Gedanken über das Glück, über Krankheiten und Schicksalsschläge mit Raoul zu besprechen. Darum hatte er die CD aus dem Gestell geholt und lauschte nun konzentriert seinen Worten.

Er wollte sich vorbereiten auf dieses Gespräch. Raoul würde bestimmt tausend Fragen haben und kaum ohne Gegenwehr mit allen Theorien von Kraska einverstanden sein. Und Raoul konnte sehr hartnäckig sein!

HP hatte diese CD schon x-fach gehört und trotzdem stiess er immer wieder auf neue Wahrheiten. Manchmal musste er auch feststellen, dass er gewisse Passagen missverstanden hatte. So zum Beispiel die Aussage zum Lernpotential von Schicksalsschlägen.

Heute hatte er begriffen, dass Kraska sagen wollte, dass die Seele ständig versuche, uns auf den rechten Weg zu bringen. Sie benutze dazu ihre ganz eigene Sprache des Gewissens.

Ihre Stimme sei der Körper. Sie äussere sich beim einen Menschen durch Schlaflosigkeit oder Herzklopfen, beim anderen durch hohen Blutdruck, durch Magenbrennen oder Muskelverspannungen, durch Migräne, Durchfall oder Schwindel, usw.

Oft sei diese Stimme nur leise und daher könne es vorkommen, dass wir sie nicht hören oder sie aus anderen Gründen nicht befolgen. Dies vor allem, weil unser Verstand uns laufend rationale Erklärungen für diese Erscheinungen präsentiere.

Das Kopfweh führe der Verstand auf den Fön zurück, die Migräne auf die Antibabypille, die Nackenverspannungen auf die Computerarbeit, den Durchfall auf eine Lactoseintoleranz usw.

Diese Menschen seien oft ständig müde, nervös und unkonzentriert und am Ende ihrer Kräfte. Es wolle ihnen einfach nichts mehr gelingen.

Eine häufige Erscheinung sei in diesem Zusammenhang das ,Burnout Syndrom'. Wie der Name schon sagt, seien diese Menschen ausgebrannt, leer und energielos. Aber auch Freud-los, Glück-los oder gar unglücklich bis depressiv.

Werde die Seele nicht gehört, würde dies zu inneren Spannungen führen und zu Nervosität. Die Seele würde deshalb vernehmlicher sprechen. Sie würde versuchen sich Gehör zu verschaffen durch einen Parkschaden am Auto, eine kleine Verletzung an der Hand oder eine Beule am Kopf. Kleine Unachtsamkeiten im Verkehr, ein harmloser Auffahrunfall wären eventuell Teil der nächsten Stufe. Oder ein Missgeschick im Haushalt, bei dem die geliebte, schöne Vase in Brüche geht, usw.

Vor allem kleine, aber auch grössere, Unfälle würden in diesem Stadium gehäuft auftreten.

Wenn sie immer noch nicht gehört werde, müsse die Seele lauter rufen. Das bedeute, dass sie uns einen Wink gebe, wenn nötig auch einen Wink mit dem Zaunpfahl. Ein solcher Wink mit dem Zaunpfahl könne zum Beispiel ein Herzinfarkt oder eine Scheidung sein.

Unsere Seele wolle uns damit an einen Punkt der Einkehr führen oder gegebenenfalls auch an einen Rückkehrpunkt. Wir sollen über uns und unseren Weg nachdenken.

Ganz bestimmt habe unsere Seele keine Freude daran, wenn wir krank sind. Die Seele sei kein Masochist. Trotzdem bliebe ihr manchmal nichts anderes übrig, als uns durch eine Krankheit einen Zwischenstopp aufzuzwingen, in der Hoffnung, dass wir wenigstens dann die Gelegenheit zur Reflexion über unser Leben wahrnehmen würden.

Alle diese Vorkommnisse seien nicht einfach Schicksal. Sie würden nicht einfach passieren. Dass der Blutdruck zu hoch sei, sei kein Zufall, sondern würde vom Inneren, von der Seele des Menschen ‚inszeniert'.

Die innere Spannung würde steigen und dabei eine Menge Kräfte absorbieren, welche andernorts fehlen. Die Leistungsfähigkeit und Konzentration würden in der Folge abnehmen.

Kraska betont, dass der Schicksalsschlag umso härter werde, je lauter die Seele schreien müsse! Beziehungsweise je weiter wir vom vorgegebenen Weg abgekommen seien.

Die Seele müsse viel Energie aufwenden, um die Kluft zwischen dem eingeschlagenen Weg und dem Ziel der Seele zu überbrücken. Diese „verlorene" Energie fehle ihr schliesslich auf dem Weg zu ihrem Ziel, bzw. zu unserem Glück.

So könne es sein, dass der Blutdruck steige und über Jahre viel zu hoch sei, bis schliesslich das Herz einen Infarkt erleide. Unser Verstand werde diesen Infarkt typischerweise als Schicksal darstellen und deshalb als unausweichlich.

Das stimme aber nicht, denn dieser Infarkt sei keineswegs bereits in unsere Wiege gelegt worden, wie zum Beispiel die Farbe der Augen. Hätten wir einen anderen Lebensweg genommen mit weniger Stress, wäre der Infarkt durchaus vermeidbar gewesen.

Und genau das sei die Botschaft unseres Herzens: Weniger Abweichung vom Weg des Herzens und wir wären gesünder!

In solchen Situationen sei es unsere Aufgabe zu erkennen, was schief gelaufen sei im bisherigen Leben und was geändert werden könnte. Wird uns das klar, war der „Schicksalsschlag" nicht umsonst.

***

Einen solchen Schicksalsschlag hatte HP selbst erlebt durch den Weggang von Käthi. Die Trennung war in seinem Fall also der Wink mit dem Zaunpfahl.

Inzwischen war er bereit diesen Wink auch als solchen zu sehen. Aber zu Beginn war ihm das schwer gefallen. Noch vor wenigen Monaten fühlte er sich als Opfer der Umstände und bemitleidete sich sehr. Sie hatte ihn verlassen. Somit war er das Opfer und musste sehen, wie er mit der neuen Situation zurechtkam.

Und nun war Raoul an der Reihe mit seinem Doppelschlag. Aber bei Raoul musste man ja stets deutlich werden, um ihn zu überzeugen! Das hatte HP schon zur Genüge erlebt.

Inneres und äusseres Glück

Jetzt wurde Hanspeter auch ein weiterer Aspekt klar, den er bisher völlig überhört hatte. Dr. Kraska sprach davon, dass unsere Gedanken unser Schicksal beeinflussten!

Bei Raoul war dieser Mechanismus einfach zu erkennen: Raoul hatte fast Tag und Nacht gearbeitet. Er hatte nur im Äusseren gelebt, sich nur um seine Firma gekümmert. Dabei hatte er alles andere vernachlässigt: Seine Frau, seine Kinder, sogar sein eigenes Ich. Er hatte alles auf später verschoben. Später wollte er leben und sich um alles kümmern, wozu er früher keine Zeit fand.

Wenn Kraska behauptete, dass unsere Gedanken unsere Realität erschaffen würden und Schöpferkraft hätten, dann war das für Raoul absolut zutreffend.

Raoul hatte alles erreicht, was er im Kopf, bzw. in seinen Gedanken hatte. Ihm war alles gelungen. Er konnte alle seine Pläne und Ideen in die Tat umsetzen und erschuf so seine eigene Realität. Die Firma war seine Schöpfung und das war kein Zufall!

Das ging jahrzehntelang gut, auch wenn er für die Pläne seiner Seele kein Gehör fand. Er hörte zwar seine Seele rufen, die sagte: „Pass auf! Du arbeitest zu viel! Du musst auch auf dein Inneres achten! Mach mal Pause! Gönn dir was, nimm dir Zeit!"

Aber Raoul vertröstete seine Seele immer wieder auf später. Später wollte er sich Zeit nehmen, später wollte er kürzertreten. Später wollte er sich um alles kümmern. Aber doch nicht jetzt! Jetzt war er beschäftigt. Hatte keine Zeit!

Raouls Seele versuchte ihm deshalb während Jahren zu vermitteln, dass Glück nicht im Äusseren zu finden sei. Im Äusseren seien zwar eine Menge Annehmlichkeiten zu finden wie ein schönes Auto, eine Villa am See oder eine schöne Frau.

Auch für dieses äussere Glück lohne es sich zu arbeiten. Dies bringe viele Vorteile. Es lohne sich aber nur, wenn dabei nicht gleichzeitig das innere Glück vernachlässigt werde. Das wahre Glück würde im Inneren stattfinden.

Seine Seele versuchte ihm zu vermitteln, dass das wahre Glück darin bestehe, in Frieden und Harmonie mit den Vorgaben des Herzens zu leben!

Raoul war im Prinzip nicht dagegen auf seine Seele zu hören, nur hatte er jetzt gerade keine Zeit.

Eigentlich hörte er seine Seele oft. Ihn beschlich dann jeweils ein komisches Gefühl, das er nicht einordnen konnte.

Irgendwie war er unruhig und spürte, dass etwas nicht in Ordnung war. Er begann dann stets noch mehr zu arbeiten und glaubte, so seinem Glück näherkommen.

Aber das tiefsitzende Missbehagen und die Unruhe konnte er mit Arbeit nicht vertreiben.

So lebte er viele Jahre sein Äusseres Leben und hatte grossen Erfolg. Er konzentrierte alle seine Kräfte auf Äusseres und entfernte sich immer weiter von seiner Mitte. Seine Seele verzweifelte immer mehr. Bis heute.

Heute fand Raoul erstmals wieder Zeit sich Gedanken zu machen über sein jahrelang gespürtes Unbehagen. Er machte sich tatsächlich Gedanken über sein bisheriges Leben und wie es jetzt weiter gehen sollte.

Leider erst nach seinem Schicksalsschlag! Aber es war noch nicht zu spät.

Um Raoul aus seiner gewohnten Bahn zu werfen hatte es den Infarkt gebraucht, und zusätzlich noch die Trennung. Und sein Nahtoderlebnis.

Raoul war in inneren Angelegenheiten noch wie ein Kind. Er brauchte starke Bilder, um zu begreifen. Aber wenigstens bewegte sich jetzt endlich etwas in seinem Inneren!

***

Hanspeter sinnierte weiter und hing seinen Gedanken nach. Kraska hatte doch einmal gesagt, dass die Umstände keinen Einfluss hätten auf die Qualität unseres Lebens.

Als HP dies zum ersten Mal gehört hatte rief er entrüstet aus: „Das ist aber dicke Post!" Kraska behauptete also, dass die Umstände keinen Einfluss hätten auf unser Leben. Das war ja absurd!

Aber, wie im weiteren Verlauf von Kraskas Referat deutlich wurde, meinte dieser eben nicht die äusseren Umstände, nicht Armut oder Reichtum, sondern die inneren Gegebenheiten!

Er wollte sagen, dass die inneren Gedanken unser Leben beeinflussten und zwar das innere Leben, wie auch das äussere.

Auch dafür war Raoul das lebende Beispiel! Raoul hatte im äusseren Leben alles, was das Herz begehrte. Dieses äussere Leben und seine äusseren Lebensumstände waren perfekt und doch war tief in seinem Inneren dieses Unbehagen.

Und schliesslich bekam Raoul die Quittung mit der Trennung und dem Infarkt. Beides äussere Umstände, die Raoul nicht beeinflussen konnte mit seiner Arbeit. Er konnte sein ‚Schicksal' nicht verhindern!

Dies wäre nur möglich gewesen, wenn er auf die Warnungen seines Inneren gehört hätte.

Durch Beachten seiner inneren Stimme hätte er sein Leben rechtzeitig in andere Bahnen lenken können. Das hätte vermutlich dazu geführt, dass das äussere Paradies, in dem Raoul lebte, anders ausgesehen hätte.

Dafür wäre sein inneres Paradies grösser gewesen und spürbarer. Er wäre glücklicher und gesünder gewesen.

Fred und Joy

Fred schob den Teller weg, stand auf und nahm Joy an der Hand. Hand in Hand schlenderten sie die paar Schritte zum See und setzten sich auf die Quaimauer. Sie sassen dicht beieinander.

Joy sah zu ihm auf und bemerkte: „Du riechst so gut!" Sie lehnte ihren Kopf an seine Schulter und schmiegte sich wie ein Kätzchen eng an seine Brust. Er schlang seinen Arm um sie und zog sie näher zu sich.

So verharrten sie eine ganze Weile, bis sie ihren Kopf hob und ihn küsste. Ihre Lippen glitten dabei zuerst über seine Wangen und suchten vorsichtig seinen Mund. Viele kleine, zärtliche Küsschen. Schliesslich nahmen ihre Lippen Besitz von seinen und ihre Zunge erkundete forsch seinen Mund. Mit einem Arm umschlang sie eng seinen Nacken und mit der anderen Hand knöpfte sie sein Hemd auf. Sie streichelte ihn zärtlich. Dann stützte sie sich mit beiden Händen auf seine Schultern und setzte sich auf seinen Schoss.

Fred legte sich hin. Ihn durchschoss eine wohlige Wärme und sein Verlangen wurde grösser. Sie sass auf ihm und machte mit ihrem Becken ganz feine, kreisende Bewegungen. Ihre Brustwarzen zeichneten sich durch ihr T-Shirt deutlich ab. Ihre Brust hob und senkte sich und ihr Atem ging schneller. Als sie etwas weiter nach unten rutschen wollte …

Ein Schrei und sie war weg! Platsch! Eine Wasserfontäne spritzte hoch.

Fred schoss auf und war mit einem Sprung am Ufer. Aber die Quai-Mauer war hier zu hoch, um sie einfach herausziehen zu können. Er legte sich flach auf den Bauch, aber er konnte sie nicht erreichen. Glücklicherweise war das Wasser so tief, so dass sie sich nicht verletzt hatte.

Alfredo kam herbeigeeilt mit einem Rettungsring, aber Joy lehnte ihn ab. Sie hatte sich vom ersten Schrecken bereits erholt und genoss ihr Bad.

Alfredo zeigte ihr einen Platz, wo sie stehen konnte. Von dort führte eine kleine Holztreppe wieder hinauf an Land.

Aber Joy dachte überhaupt nicht daran die Treppe hochzusteigen. Vielmehr spritzte sie vergnügt Fred nass und rief ihm lachend zu, er solle doch auch ein Bad nehmen. Das Wasser sei ganz warm! Es sei herrlich!

Fred legte seine Hose ab, faltete sie fein säuberlich, bevor er sein Hemd auszog und von der Quai-Mauer kopfüber direkt ins wunderbar erfrischende Wasser sprang.

Sie planschten und spritzten, eine wilde Wasserschlacht. Ein heiterer Badeplausch mit lautem Lachen und Prusten! Sie vergnügten sich noch eine ganze Weile im sonnengewärmten, klaren Wasser.

Alfredo hatte inzwischen zwei Badetücher bereitgelegt. Fred stieg langsam die Treppe hoch und trocknete sich ab. Er überlegte, was er mit seiner klatschnassen Unterhose tun sollte.

Ausziehen und zum Trocknen aufhängen? Er schlüpfte verstohlen aus dem nassen Teil, trocknete sich ab und zog seine Hose vorsichtig über die nackte Haut.

Er war immer noch erregt und musste aufpassen, dass er sich nicht im Reissverschluss verhedderte.

Als er sein Hemd anziehen wollte, entstieg Joy, einer Nixe gleich, dem kühlen Nass, wie damals Ursula Andress. Ihr langes blondes Haar fiel in breiten Strähnen über ihre Schultern. Alles war tropfnass und das T-Shirt klebte an ihrem wohlgeformten Körper.

Ihre steil aufgerichteten Brustwarzenwaren über ihren prallen Brüsten waren deutlich sichtbar und der Mini war zu einem schmalen Band hochgerollt. Der hauchdünne String darunter war ganz entblösst. Er klebte genauso wie das T-Shirt an ihren runden, haarlosen Formen.

Sie stieg elegant aus dem tropfenden Mini und zog das triefende T-Shirt aus.

Fred beeilte sich, sie mit dem bereitliegenden Badetuch zu umhüllen und abzutrocknen. Zart rubbelte er ihren Rücken trocken und ihre Beine. Dann entwand sie ihm allerdings das Tuch und übernahm den Rest selbst.

Schliesslich entledigte sie sich auch des Strings, legte sich nackt auf die Liege und deckte sich zu. Ihre Kleider hingen nun über den Büschen an der Sonne, neben seinen Unterhosen.

***

Fred setzte sich zu Joy aufs Bett und ergriff ihre Hand. „Es ist zum Glück alles glimpflich abgelaufen! Ich will mir gar nicht vorstellen, was hätte passieren können, wenn unterhalb der Mauer Steine im Wasser gewesen wären.

Dann hätte dein schöner Körper bestimmt Schaden genommen!" Dabei strich er über ihr nasses Haar und küsste sie auf die Stirn. Sie lächelte ihn an und zog ihn zu sich hinunter.

Sie rutschte etwas zur Seite, so dass er sich neben sie legen konnte. Wieder lagen beide eng umschlungen nebeneinander, nur getrennt durch das dünne Tuch. Er spürte ihren Atem, jedes Auf und Ab ihrer Brüste.

Seine Hand strich ihrer Silhouette entlang, vom Hals entlang ihrer Flanke bis zum Becken und weiter dem Oberschenkel folgend bis zum Knie. Ihren Busen mit den steil aufragenden Brustwarzen liess er absichtlich aus, obwohl sie mit herausfordernd gespreizten Beinen unter der Decke lag und seine Berührungen zu geniessen schien.

Seine Hand glitt über ihren Bauch zurück zum Nabel, beschrieb um diesen herum einige Kreise und berührte schliesslich ganz sanft und doch mit gekonntem Druck ihre rechte Brust.

Gerade als bei beiden das Verlangen wieder aufflackerte, waren Schritte hinter den Büschen zu vernehmen. Alfredo kam mit zwei heissen Kaffee-Luz. „Das ist zum Aufwärmen!", meinte er.

„Oh, diese Wäscheauslage sieht aber verführerisch aus! Braucht die Signorina eventuell was zum Anziehen? Meine Frau hat bestimmt etwas Passendes. Soll ich sie mal vorbeischicken?"

Bevor sie antworten konnten, war er wieder verschwunden und bald danach schaute seine Frau vorbei.

Sie hatte natürlich keine solchen Sexy-Stücke in ihrer Truhe. Aber was sie mitbrachte, war durchaus geeignet Joy aus der peinlichen Situation zu helfen. Das Shirt war definitiv nicht rechtzeitig trocken zu kriegen. Ebenso der Mini. Der tropfte immer noch. Einzig der String war wieder benutzbar.

Eine weisse Bluse der Service-Lehrtochter und ein passender Jupe mussten einspringen. Und für die Füsse waren Flip-Flops gedacht.

Joy kam sich etwas komisch vor in dieser biederen Aufmache. Zur Not war es aber ok. Aber nicht länger als unbedingt nötig.

Sie bedankte sich herzlich bei „Frau Alfredo". Ihren Namen kannte auch Fred nicht. Er hatte nicht mal gewusst, dass Alfredo verheiratet war.

Als sie gegangen war, begann Joy herzhaft zu lachen. Das sei ihr noch nie passiert. Ein richtiges Abenteuer! Sie hätte sich zuvor ja gewünscht ein Bad zu nehmen, sei dann aber doch vom Zeitpunkt überrascht worden.

Eigentlich habe sie sich vorgestellt nackt zu baden. Das wäre genau der richtige Ort dafür. Aber dafür sei sie ja jetzt nackt. Mit diesen Worten schlug sie die Decke hinunter und lag ausgestreckt auf der Liege. Sie räkelte sich ungeniert und präsentierte sich.

Fred errötete leicht und beeilte sich, ihr die Bluse über ihre Blösse zu legen. Gleichzeitig versuchte er seine Lust zu verbergen.

„Gefalle ich dir nicht?", fragte sie, „Genierst du dich mit mir?" „Hier sind wir doch unter uns. Für mich hat es etwas Aufregendes, Prickelndes! Es turnt mich an! Dich nicht?"

Und wie es Fred anturnte! Sie hatte bestimmt bemerkt, in welchem Zustand er sich befand. Er hätte liebend gern noch weiter ihren wundervollen Körper studiert und wäre gerne mit beiden Händen zärtlich über ihre bebenden Rundungen gefahren.

Liebend gerne hätte er weiter mit zartem Druck ihre Brüste massiert und ihre Brustwarzen gekitzelt oder wäre gleich mit seinen Fingern zwischen ihre leicht gespreizten Schenkel gefahren.

Zwar waren sie gut geschützt in ihrem Séparée, aber er fühlte sich trotzdem unwohl in dieser kompromittierenden Situation. Er konnte sich ja nicht gleich auf sie stürzen und zur Sache kommen.

Joy schien seine Unsicherheit zu geniessen und bot sich ihm immer schamloser dar. Sie zupfte leicht an der Bluse und liess sie langsam neben der Liege zu Boden sinken. Dann begann sie lasziv ihren ganzen Körper zu streicheln und zu liebkosen.

Zuerst spielte sie mit ihren Lippen, massierte ihre Brüste und die Brustwarzen, fuhr mit der anderen Hand am Bauchnabel entlang nach unten, öffnete weit ihre Schenkel und begann mit dem rechten Mittelfinger ihre Klitoris zu streicheln. Sie genoss ihre Liebkosungen und stöhnte leise.

Da drehte Fred sich auf dem Absatz um und mit den Worten: „Ich zahle mal eben die Rechnung, bis du angezogen bist!", entfernte er sich in Richtung Restaurant.

Als er zurückkam, stand sie, mit den geliehenen Klamotten, fertig angezogen am See und drehte ihm den Rücken zu. Sie schaute über den See in die Ferne.

Als er näher kam spürte er ihre Verärgerung. Was war bloss geschehen? Hatte sie ihm übelgenommen, dass er während ihrer Show weggegangen war?

Was sollte er denn machen? Was hatte er denn für Möglichkeiten? Sollte er ihr zusehen, wie sie masturbierte? Oder sollte er sich auf sie stürzen und das ganze Restaurant mit ihrem Gestöhne unterhalten? Wenn sie auch undurchsichtig waren, gehört hätte man sie durch die Büsche bestimmt!

Joy drehte sich mit einem Ruck wortlos um, marschierte geradlinig und ohne ihn anzusehen an ihm vorbei. Wäre da eine Türe gewesen, sie hätte sie mit voller Wucht zugeknallt.

Er beeilte sich, ihre Sachen zusammenzuraffen und ihr hinterher zu eilen. Der Jupe tropfte noch immer und zog eine nasse Spur durch den Garten. Alfredo rief ihm noch etwas nach. Er verstand es zwar nicht, aber er konnte sich denken, was gemeint war.

Sie blieb wortlos neben seinem Auto stehen. Er schloss mit der Fernbedienung auf, doch sie blieb immer noch unbeweglich stehen bis er beim Auto angekommen war und ihr die Türe aufhielt.

Nachdem beide im Wagen sassen, fragte er, wohin er sie bringen soll. „Hast du gemeint, ich würde mit diesen unmöglichen Klamotten durch die halbe Stadt laufen? Bring mich gefälligst nach Hause!", war ihre Antwort.

Oha, da war dicke Luft, wie er es schon zuvor geahnt hatte. Aber er wusste ja gar nicht, wo sie wohnte. Und fragen mochte er auch nicht. Also fuhr er der Seepromenade entlang, wo er sie aufgegabelt hatte und hoffte, sie würde sich melden, wenn er abbiegen müsste.

Ertappt

Auweia! An sie hatte er gar nicht mehr gedacht! Der Schreck durchzuckte seine Glieder! Da vorn war der Wagen von Bettina! Nichts wie weg, nächste rechts. Das Tête à Tête unter den Büschen hatte etwas länger gedauert. Es war aber auch nicht vorauszusehen, dass Joy ins Wasser fällt.

Die Ereignisse hatten sich überstürzt. Bettina hatte er dabei total vergessen! Er konnte nur hoffen, dass sie ihn noch nicht gesehen hatte. Das wäre eine Katastrophe! Neben ihm sass diese aufreizende Blondine mit den nassen Haaren.

Mit den geliehenen Klamotten war sie zwar etwas weniger sexy, aber ein schlechtes Gewissen hatte er trotzdem. Was, wenn Bettina ihn doch gesehen hatte? Ihm würde kaum eine plausible Ausrede einfallen. Die Situation war zu eindeutig.

Er wurde von einer keifenden Stimme aus seinen Gedanken gerissen. Diese Stimme! Konnten diese Töne von seiner Mitfahrerin stammen? Von diesem zarten, wunderhübschen Wesen, das er bis vor wenigen Minuten noch so begehrt hatte?

Es bestand kein Zweifel, Joy hatte ihren Wutanfall. Sie schrie regelrecht und ihre Stimme überschlug sich: „Nach Hause habe ich gesagt! Was fällt dir ein? Wohin fährst du mit mir? Ich halte das nicht mehr aus. Bring mich nach Hause! Sofort!

Von Bettina verfolgt

Bettina war immer wütender und gleichzeitig auch unruhiger geworden. War vielleicht doch etwas passiert? Ach was! Sie war doch nicht blöd! Es war inzwischen schon drei Uhr vorbei.

Sie war es Leid zu Hause zu sitzen und zu warten. Sie musste etwas unternehmen. Zuerst wollte sie mal an der Seepromenade entlangfahren. Bestimmt war er nicht weit von dort.

Und wie recht sie hatte! Sie war kaum in die Seestrasse eingebogen, als sie schon von weitem den roten Flitzer von Fred bemerkte. Er kam ihr entgegen. Sie musste nur warten, bis beide auf gleicher Höhe waren, dann wüsste sie Bescheid!

Aber kurz bevor sie einander gekreuzt hätten, bog Fred rechts ab. Doch sie hatte es bereits gesehen! Das helle Blond seiner Begleiterin auf dem Beifahrersitz stach ihr sofort in die Augen.

Sie musste zugeben, dass sie sehr hübsch war und blutjung. Ihre nassen Haare klebten immer noch an ihrer Bluse. Wo waren die beiden bloss gewesen? Und wohin ging die Reise? Sie beschloss ihnen zu folgen.

Dummerweise konnte sie hier nicht links abbiegen. Ein Grünstreifen hinderte sie daran. Sie musste dreihundert Meter weiter fahren bis zum Kreisverkehr, wo sie wenden konnte.

Inzwischen war das Cabrio von Fred natürlich längst verschwunden. Sie beeilte sich und bog in dieselbe

Nebenstrasse ein wie Fred. Aber von den beiden war weit und breit nichts mehr zu sehen. Sie beschleunigte.

Sie sah gerade noch im rechten Augenwinkel das Blitzgerät hinter einem geparkten Auto stehen. Auch das noch! Das hatte gerade noch gefehlt. Zu allem Übel stand weiter vorn eine Streife und bedeutete ihr anzuhalten.

„So Madame, wohin so eilig?", fragte der Uniformierte. Erst jetzt bemerkte sie, dass es eine Polizistin war, die mit ihr sprach.

Bettina witterte ihre Chance und beeilte sich, sich bei der Beamtin zu entschuldigen. „Ich habe soeben meinen Mann mit einer blutjungen Blondine im Wagen unten an der Seepromenade ertappt und wollte ihm hinterherfahren."

Die Polizistin erfasste die Situation sofort und bestätigte, dass vor kurzem ein Cabrio mit einem gutaussehenden Herrn, in Begleitung einer jungen Dame hier entlanggefahren sei. „Ok, ich lasse sie fahren, aber seien sie vorsichtig. Die Busse wird ihnen später zugestellt."

Bettina hörte den Schlusssatz bereits nicht mehr. Sie hatte schon wieder beschleunigt und hielt nach rechts und links Ausschau, wohin sich die beiden verkrochen haben könnten. Nichts war zu sehen. Sie waren wie vom Erdboden verschwunden.

Tränen kullerten über ihre Wangen. Tränen der Wut und der Enttäuschung. Sie konnte kaum was sehen, alles war verschwommen. Sie schniefte.

Im Handschuhfach war vielleicht noch ein Taschentuch. Sie beugte sich nach rechts, öffnete das Handschuhfach und suchte nach der Packung Papierna…

Ein lauter Knall. Glas splitterte, Reifen quietschten und ihr Wagen drehte sich um seine eigene Achse. Sie prallte mit der Brust gegen die Mittelkonsole.

Ihr erster Gedanke galt Fred und dass er ihr nun entwischen würde. Ein Übel kam selten allein! Fred hatte sie betrogen, sie wurde geblitzt und nun das kaputte Auto.

Andererseits kam sie selbst offenbar mit dem Schrecken davon. Vorsichtig richtete sie sich auf. An einigen Stellen tat es zwar weh, aber sie konnte alles bewegen und sie sah nirgends Blut.

Sie versuchte tief durchzuatmen. Ja, das Atmen fiel ihr schwer, aber wenn sie ganz vorsichtig einatmete, dann ging es.

Keine Minute später war die Polizei schon hier. Natürlich hatten sie den Knall auch gehört und hatten bereits eine vage Ahnung, was passiert sein könnte.

Der Wagen dieser betrogenen Ehefrau war leicht nach rechts von der Spur abgekommen und ungebremst in ein geparktes Auto geprallt. Sie hatten sie gewarnt.

Sie zogen die Frau aus ihrem völlig demolierten Wagen. Bettina war mit über 50 Km/h in das parkierte Auto geprallt.

Glücklicherweise war sie auf den ersten Blick unverletzt. Sicherheitshalber verständigten die Polizisten trotzdem die Rettung. Die Fahrerin musste durchgecheckt werden. Damit war nicht zu spassen. Bei dieser Geschwindigkeit waren innere Verletzungen möglich.

Noch bevor der Krankenwagen zur Stelle war, bekam Bettina Atemnot und rang nach Luft! Die Beamtin bettete sie flach in Seitenlage in ein angrenzendes Wiesenstück und öffnete ihre Bluse. Im Liegen war es etwas besser. Vermutlich waren einige Rippen gequetscht oder gebrochen.

Als die Polizistin sich dem anderen Beamten zuwandte und ihm bei der Schadensaufnahme helfen wollte, begann Bettina Blut zu husten. Sie hatte immer mehr Mühe beim Atmen.

Glücklicherweise hörte man bereits das Martinshorn der Sanität. Bettina atmete nur noch oberflächlich und in ganz kurzen Atemzügen. Ihre Lippen färbten sich bläulich.

Die Helfer erkannten die Situation sofort. Der ältere bückte sich über sie und horchte sie mit dem Stethoskop[7] ab.

„Sie hat einen Spannungspnoe![8] Bitte, bring mir sofort eine dicke Nadel!", rief er dem jüngeren Sanitäter zu. Inzwischen inspizierte er ihre Mundhöhle, aber das Blut kam von weiter unten, nicht aus dem Rachen.

Bettina rang immer mehr nach Luft. Sie drohte zu ersticken! Der ältere Sanitäter handelte rasch und richtig. Er öffnete ihre Bluse ganz und stach mit der Nadel zwischen ihre Rippen.

Ein zischendes Geräusch wie von entweichender Luft war zu hören. Ein Stöhnen. Bettina tat einen tiefen Atemzug! Sofort ging es ihr besser und sie atmete zusehends leichter. Einzig der Schmerz auf der rechten Seite war

---

[7] Einfaches Gerät, um die Lungen und das Herz abzuhorchen.
[8] Spannungspnoe: Lebensbedrohliche Situation, bei welcher die Lunge (meistens) auf einer Seite verletzt ist und Luft in den Brustraum austreten kann. Dadurch wird die eine Hälfte der Lunge zusammengedrückt und für die Atmung unbrauchbar. Die Therapie besteht in der Entlastung durch Einstechen einer Nadel in den Brustraum, so dass die unter Druck stehende Luft entweichen kann.

geblieben. Aber die Erstickungsgefühle und die Todesangst waren vorbei.

Der Sanitäter fixierte die Nadel, holte eine breite elastische Binde und wickelte damit ihren Brustkasten ein. „So haben sie weniger Schmerzen."

„Der Verband ist zur Stabilisierung und zum Schutz, damit die Nadel nicht verrutscht. Diese muss drinbleiben, bis wir im Spital sind. Im Spital wird geröntgt und bestimmt sind noch eine Menge weiterer Untersuchungen nötig."

Bettina war erleichtert. Vorderhand hatte sie den Unfall glimpflich überstanden. Sie wollte das Weitere gelassen hinnehmen, wenn sie nur mit dem Leben davonkam.

Wo ist Freds Wagen?

Fred kaute auf der Unterlippe. Wie konnte er dieses schimpfende und zeternde Ungeheuer wieder loswerden? Glücklicherweise kannte ihn niemand in dieser Gegend.

„Also was nun", fragte er mit beherrschter Stimme, „wo wohnst du überhaupt?" Sie gab keine Antwort. Schweigen. Fred folgte weiter dieser Strasse und überlegte.

Er könnte sie einfach am Ort, wo er sie aufgegabelt hatte, wieder aussteigen lassen. Er hatte keine bessere Idee. Also nahm er die nächste Strasse nach links und fuhr zurück in Richtung Promenade.

Dort entliess er sie mit den Worten: „Aussteigen! Hier begann die Reise, hier ist sie zu Ende." Sie machte keinerlei Anstalten seiner Aufforderung nachzukommen. Zum Glück war sie wenigstens ruhig. Eine Szene hier an der Promenade wäre das Letzte gewesen, was er hätte brauchen können. Hier kannte man ihn.

„Was hast du denn?" Erneut keine Antwort. Nach ungefähr zehn Minuten stillschweigenden Sitzens entschloss sich Fred, im Lokal gegenüber einen Kaffee zu trinken und sagte: „Ich gehe jetzt hier über die Strasse einen Kaffee trinken. Wenn ich zurückkomme, bist du weg! Verstanden?"

Keine Antwort. Fred stieg aus und überquerte die Strasse. Er wählte einen Platz in der Cafeteria, wo er seinen Wagen beobachten konnte und holte sich eine Zeitung. Er richtete sich auf längeres Warten ein.

Nervös und unkonzentriert blätterte er in seiner Zeitung und schielte immer wieder hinüber zu Joy. Nichts rührte sich. Sie sass unbeweglich im Wagen und blickte geradeaus.

Glücklicherweise war von Bettina nichts mehr zu sehen. Er wünschte sich zum ersten Mal, einen weniger auffälligen Wagen zu fahren.

Doch plötzlich, er traute seinen Augen kaum, schwang Joy sich hinüber auf den Fahrersitz und startete den Motor!

Fred schoss hoch und eilte über die Strasse. Gleichzeitig überlegte er, ob sie überhaupt schon 18 sei und den Führerschein gemacht haben könnte.

Er hoffte es, für sie, für ihn und vor allem für den Wagen! Um diesen bangte er am meisten. Sie fuhr tatsächlich los, ohne Parkschaden.

Fred sah dem Wagen mit gemischten Gefühlen nach. Einerseits war er froh diese donnernde Göttin los zu sein.

Andererseits wusste er nicht, wie er wieder zu seinem Flitzer kam.

Wieder zurück in der Cafeteria überlegte er sein weiteres Vorgehen: Vielleicht war sie nur kurz nach Hause gefahren, um sich umzuziehen und würde danach wieder hier erscheinen, gut gelaunt und in trockenen Klamotten.

Dann könnte der Tag noch ganz gut enden! Heimlich hatte er bereits wieder Hoffnung auf ein gutes Ende. Er war immer noch in Stimmung.

Im Übrigen befürchtete er das Schlimmste und wollte kurz auf seinem Handy[9] nachsehen, ob Bettina eine Nachricht hinterlassen hatte. Sie konnte richtig wütend werden. Und diesmal hätte sie sogar Grund gehabt zur Eifersucht!

Aber sein Handy befand sich im Sakko. Und dieses war im Auto. Er kam sich richtig blöd vor. Wie konnte er nur die Schlüssel stecken lassen! Ohne Handy war man heute niemand. Geld, Kreditkarten, alles im Auto. Er hätte die Schlüssel abziehen sollen. Hier war guter Rat teuer. Er hoffte, nicht allzu teuer.

Er wusste nichts von ihr, ausser, dass sie gesagt hatte, sie heisse Susanne, werde aber von ihren Freunden Joy genannt. Keine Telefon-Nummer, keinen richtigen Namen, keine Adresse. Nichts! Und weiter wusste er noch, dass sie angeblich Studentin war. Aber das bezweifelte er. Er hatte gleich zu Beginn das Gefühl, sie würde ihm etwas verheimlichen. Nun war es zu spät, um zu fragen.

Fred sass im Boulevard-Café und überlegte. Der Tag hatte exzellent begonnen. Ein Glückstag. Er hatte die Eroberung seines Lebens gemacht! Joy war phantastisch!

---

[9] Handy: Schweizerisch für Mobiltelefon. Auch gebräuchlich: Natel

Und dann plötzlich diese abrupte Wende. Wie hätte er ahnen können, dass sie plötzlich so ausflippte? Was ging in ihr vor? Was dachte sie? Und wo war sie überhaupt? Kam sie wieder?

Oder hatte sie vielleicht von Anfang an nur auf eine Gelegenheit gewartet, ihn zu beklauen? Hatte sie sich ihn vielleicht gezielt dazu ausgesucht? War sie deshalb so bereitwillig zu ihm ins Auto gestiegen und hatte ihn mit ihren Reizen abgelenkt? War sie Teil einer Bande?

Er hätte sich die Haare raufen können! Wie naiv und gutgläubig war er denn? Hätte ein Freund ihm diese Story erzählt, hätte er ihn ausgelacht.

Aber wer denkt denn immer gleich ans Schlimmste? Er bereute nichts! Dieser Ausflug hatte sich gelohnt. Zumindest, solange alles normal lief. Aber wie ging es jetzt weiter?

Sollte er die Polizei rufen und ihr sagen, was ihm passiert war? So würde er zum Gespött der ganzen Stadt werden. Da könnte er gleich den Redaktor der Fasnachtszeitung anrufen. Er war schliesslich kein Unbekannter.

Abwarten? Auch das war nicht ohne Risiko. Vielleicht arbeitete sie mit einer Autoschieberbande zusammen und sein Wagen war bereits auf dem Weg zur Grenze. Dann wäre er für immer verloren. Also doch die Polizei? Er beschloss, maximal eine halbe Stunde hier zu warten und dann die Polizei zu benachrichtigen.

Er starrte auf die Zeitung, ohne zu lesen. Seine Gedanken waren immer noch bei dieser Superfrau. Er liess die heutigen Erlebnisse in seiner Phantasie nochmals Revue passieren. Die Erinnerung war noch frisch und lebhaft. Wie in einem Film zogen die Bilder an ihm vorbei.

Fred war so mit seinen Gedanken beschäftigt, dass er nicht bemerkte wie Joy seinen Wagen auf der anderen Strassenseite, etwa zweihundert Meter entfernt, parkierte. Sie liess die Schlüssel stecken und schrieb mit dem Lippenstift ihre Handynummer auf die Windschutzscheibe.

Im Weggehen, rief sie das Café an und liess dem Herrn im weissen Hemd und den weissen Hosen ausrichten, dass sein Auto wieder da sei. Der Kellner verstand sofort, wer gemeint war und versprach es dem Herrn auszurichten.

***

Joy war mit Freds Schlitten nur kurz in ihre Studentenbude gefahren, um sich dort neu einzukleiden. Diesmal zurückhaltender als am Morgen. Sie bat ihre zufällig anwesende Freundin Angela sie zu begleiten, denn sie wollte sich für ein Zusammentreffen mit Fred wappnen.

Sie hatte jetzt überhaupt keine Lust auf eine Auseinandersetzung mit ihm. Für ein nächstes Mal würde sie ihm die Nummer hinterlassen. Sie hatte immer noch das Gefühl, mit Fred könnte es was werden. Er war ein guter Typ, das musste man ihm lassen, auch wenn er etwas prüde war.

Die geliehenen Kleider legte sie ordentlich gefaltet auf den Rücksitz.

Die Eingebung

Raoul lag im Bett und überlegte, wie es mit ihm wohl weitergehen würde. Er hoffte, bald aus der IPS verlegt zu werden. Hier war zu viel Unruhe. Die vielen Apparate.

Irgendwo piepste es ständig. Oder jemand kam bei ihm oder bei den Nachbarn vorbei für eine Spritze oder zum Auswechseln der Infusion, usw. An Schlaf war hier nicht zu denken. Erholung ging anders.

Wenigstens waren die Schwestern nett. Vor allem Frau Mächler. Er fand es großartig, wie sie sich für ihn Zeit genommen und ihm zugehört hatte.

Er konnte immer noch nicht verstehen, weshalb er sich ihr überhaupt anvertraut hatte. Er behielt solche Sachen sonst lieber für sich. Aber diesmal war es anders.

Er fühlte sich bei ihr gut aufgehoben und akzeptiert. Er spürte, dass sie ihn nicht verurteilen würde und dass er seinen Gefühlen in ihrer Gegenwart freien Lauf lassen konnte. Er vertraute ihr irgendwie, obwohl er sie kaum kannte.

Es tat ihm gut, jemanden zu haben, der zuhörte und wo er sich ausweinen konnte. Er hätte gerne weiter mit ihr geplaudert, aber sie war bereits gegangen.

Ihre Schicht war um 19 Uhr zu Ende. Sie hatte bereits der Spätschicht übergeben. Hildegard würde erst morgen wiederkommen.

Es wäre ihm lieber gewesen, sie wäre noch geblieben und hätte sich nochmals auf seine Bettkannte gesetzt. So musste er bis morgen warten. Und das kam ihm sehr lange vor!

Er hörte dem Treiben hinter dem Vorhang zu und hing seinen Gedanken nach. Er hatte nichts zu tun. Besser gesagt, er konnte nichts tun!

Seit gestern Abend war einiges passiert. Zuerst das Gespräch mit HP über Themen, welche für ihn absolut neu und ungewohnt waren.

Dann das ‚Frühstück' am See, welches sie den Schwänen verfüttert hatten.

Kurz danach war er war fast gestorben, durfte einen Blick in den Himmel werfen und konnte die umfassende Liebe spüren! Er war immer noch erfüllt von dieser Liebe.

Ob er jemals wieder eine so tiefe Liebe erfahren würde? Er kam sich irgendwie unwürdig vor und nicht bereit für ein so grosses Geschenk!

Seine Gedanken schienen ihm zu entgleiten. Er war wie in Trance. Er hatte plötzlich ganz ungewohnte Gefühle. In seiner Seele formulierten sich von allein Inhalte, die er bisher noch nie gedacht hatte.

Bisher hatte er immer geglaubt, Liebe und Glück seien nur im Gegenüber zu finden. Er war strikt der Meinung, er müsse nur die richtige Partnerin finden und das Glück würde sich von allein einstellen. Sie würde es dann schon richten.

Die Partnerin sei schliesslich zuständig oder gar verantwortlich für sein Glück. Er hatte Gedanken wie: „Wenn sie mich wirklich liebt, dann kann ich wohl erwarten, dass sie merkt, was mir gefällt und was ich brauche, um glücklich zu sein!"

Und wenn das Glück doch mal auf sich warten liess, dann war entweder sie schuld oder es war eben die falsche Partnerin. Eine Partnerin, die mich nicht glücklich macht, die bei dieser wichtigen Aufgabe versagt, ist wohl die Falsche und muss ersetzt werden.

Das war seine feste Überzeugung. Daran hatte er nie gezweifelt. Und Bettina war die Richtige, auch davon war er überzeugt. Er liebte sie wirklich! Und er hatte geglaubt, sie würde ihn genauso lieben!

Aber jetzt war plötzlich eine Art innere Stimme da. Sie kam ihm vor wie eine Botschaft aus einer anderen Welt.

Diese ‚Eingebung' machte ihm klar, dass das Leben so nicht funktionieren konnte, dass nicht jeder vom anderen erwarten konnte, für das Glück besorgt zu sein.

Das würde unweigerlich dazu führen, dass beide untätig herumsitzen und warten, bis der andere das Glück aus dem Hut zaubert. Und wenn das Glück nicht eintraf, würde sich jeder beim anderen beklagen und sein Glück einfordern.

Er wunderte sich, woher diese Botschaften kamen. Er hatte sich bisher noch nie Gedanken gemacht über solche Dinge. Sie schienen ihm plausibel.

Hatte dieser Zustand vielleicht mit der Himmelserscheinung von heute früh zu tun. Gehörte das zu dieser unendlichen Liebe dazu? Waren diese Einsichten im Komplettpaket inbegriffen? Hatte dieses Licht der Liebe ihm neue Fähigkeiten verliehen?

Oder war es schlicht eine Folge des Gesprächs mit HP? Der hatte doch auch sowas ähnliches erzählt. Er war verunsichert.

Glück schenken, nicht einfordern!

Weitere Gedanken stürzten auf ihn ein: Einer davon beschäftigte ihn ganz besonders: Die ‚Eingebung‘ sagte, er hätte sein Glück nicht von Bettina erwarten dürfen. Bestellen und darauf warten, bis sie liefert! Mit Zufriedenheits- oder Geld-zurück-Garantie.

Oder gar in einer Art Arbeitsteilung, wobei Bettina für das innere Glück zuständig gewesen wäre und er für das äussere. So nicht!

In Wirklichkeit sei es gerade umgekehrt: Er hätte in seinem Herzen eine Art Oase bereiten müssen, so dass Bettina zu ihm hätte kommen können, um sich an dieser Oase zu laben. Und für diese Oase des Glücks wäre er ganz allein zuständig gewesen! Er hätte Glück schenken sollen und nicht einfordern!

Er musste schmunzeln. Da war offenbar ein kleiner Witzbold am Werk, der ihm ein Bild vor die Augen zauberte mit einem Kamel, das aus der Wüste langsam auf die Oase zu trottete! Aber irgendwie hatte diese Stimme Recht.

Gedankenlos hatte er bisher sein Glück von Bettina erwartet. Er hatte geglaubt, er müsse nur seine ‚bessere‘ Hälfte finden und alles wäre gut. Diese würde automatisch alles mit sich bringen, was ihm zu seinem Glück gefehlt hatte.

Deshalb war er früher stets auf der Suche gewesen nach dieser fehlenden Ergänzung.

Er hatte in seiner Fantasie sogar Listen gemacht, was seine Zukünftige alles mitbringen, bzw. verkörpern müsse.

Er hatte gar nicht bemerkt, wie sehr ihn solche Listen einschränkten. So gesehen war Bettina ein doppelter Glücksfall.

Mit ihr war alles perfekt. Er hatte sein Ziel erreicht, seine ‚bessere‘ Hälfte gefunden. Er musste sich nicht mehr kümmern. Alles passte! Und beide waren glücklich. Zumindest bis vor einer Woche.

Als Bettina ausziehen wollte, war natürlich sie schuld! Sie wollte ihn ohne Grund verlassen! Trotz all seiner Bemühungen und guten Absichten!

Den anderen akzeptieren wie er ist ...

Die ‚Eingebung‘ schien seine Gedanken zu kennen, denn sie hatte auch dazu eine Erklärung. Und prompt kam ihm der Gedanke, dass die Lösung vermutlich ganz woanders liege, eher in der Richtung, wie sie Hanspeter skizziert hatte.

HP hatte doch gesagt, er hätte Käthi sein Leben aufgezwungen, so dass sie ihr eigenes Leben nicht genug zum Ausdruck bringen konnte.

Raoul merkte, dass er sich zu wenig zurückgenommen hatte. Er hatte sie nie nach ihren Wünschen gefragt, sondern er hatte ihr stets diejenigen Wünsche erfüllt, von denen er geglaubt hatte, sie würde sich diese wünschen.

Er hatte versucht, ihre Wünsche zu erraten, sie vorweg zu nehmen. Er glaubte, sie so glücklich machen zu können. Gute Absicht, fatale Folgen!

Vielleicht lag das Wesen der Liebe darin, den anderen so zu akzeptieren, wie er ist! Seine Wünsche zu ergründen und anzunehmen, seine guten Seiten zu unterstützen und zu fördern und dabei sich selbst zurückzunehmen.

Gemäss der ‚Eingebung' bedeutete zu lieben, keine Erwartungen an die Partnerin zu haben und schon gar nicht, sie mit seinen eigenen Wünschen zu erdrücken.

Raoul fand das sehr hart formuliert. Er hatte es doch nur gut gemeint und sich gefreut, ihr etwas zu schenken. Das konnte doch nicht falsch sein.

... und ihn gewähren lassen!

Doch die ‚Eingebung' bestand darauf: Dem Gegenüber vertrauensvoll genug Raum zur Verwirklichung seines eigenen Lebensplanes zu gewähren, das sei ein wichtiger Bestandteil der Liebe.

Raoul begann sich zu fragen, ob seine ‚Eingebung' wirklich ihn meinte. Er hatte Bettina stets gewähren lassen. Sie genoss bei ihm alle erdenklichen Freiheiten und hatte genug Gelegenheit ihr Leben zu leben und ihr Wesen zu verwirklichen.

Die ‚Eingebung' liess aber nicht locker: "Natürlich hast du nicht immer alles falsch gemacht. Vieles in eurer Beziehung war liebevoll. Ihr wart ein gutes Paar, das einander respektierte und lieb hatte."

„Aber für Bettina wurde es zu eng, weil Du die Beziehung dominiert hast. Sie hatte gehofft, dass du ihr mehr Raum lassen würdest, für ihre eigene Entwicklung. Leider hast du das nicht gesehen. Sie musste deinem Lebensplan folgen, ob sie wollte oder nicht."

„Sie hatte lange Zeit versucht einen eignen Weg zu finden, bis ihr schliesslich nur noch dieser letzte ‚Aus-Weg' geblieben ist, den sie jetzt gewählt hat. Gut gemeint ist eben nicht automatisch richtig!"

„Lange Zeit hatte Bettina die Hoffnung, du würdest dich ändern und weniger dominant sein."

„Auf Änderungen des Partners zu hoffen oder zu drängen ist aber meistens eine Sackgasse. Das kommt selten gut, weil dahinter die oft unbewusste Feststellung steht, dass der Partner ungenügend sei."

„Der Wunsch zur Veränderung des Partners entspringt meistens der Unkenntnis oder Ablehnung seiner Eigenart. Verändern, aber natürlich in meinem Sinne! Das ist mit Liebe nicht vereinbar. Manipulation ist nie liebevoll!"

„Ihr habt euch beide an der Nase zu nehmen, denn du gingest unbeirrt deinen Weg, ohne dich nach Bettina umzusehen und sie wollte dich bremsen und auf ihren Kurs bringen."

Das war hart! Er kam sich vor wie, wie wenn er vor St. Nikolaus gestanden hätte. Woher kam denn plötzlich diese Stimme? Und warum war sie früher nie da, wenn er sie gebraucht hätte? Wie sie über alles Bescheid wusste. Die kannte sein Innerstes besser als er selbst!

Dann hörte er eine Zeit lang nichts mehr von seiner ‚Eingebung'. Er glaubte schon, sie habe sich verabschiedet, denn es entstand eine längere Pause. Offenbar hatte sie aber nur nachgedacht, oder sie wollte ihm etwas Zeit lassen, um nachzudenken.

Glück ist, wenn...

Jedenfalls fuhr die ‚Eingebung' unvermittelt und in bestimmtem, ja fast befehlendem, Ton weiter, klar und deutlich:

„Am glücklichsten wirst du sein, wenn du dein Innerstes pflegst. Um beim Bild von der Oase zu bleiben: Pflege die Blumen in deiner Oase und du wirst dich an ihnen erfreuen können!"

„Versuche stets, deinem Wesen gerecht zu werden, verlass nie den Weg deines Herzens und du wirst glücklich sein! Dazu brauchst du keinen Partner. Der wird die Blumen in deinem Herzen nicht pflegen können. Das ist allein deine Aufgabe!"

„Deine Aufgabe ist es auch, dafür besorgt zu sein, dass dein Partner seinerseits die Blumen in seinem Garten pflegen kann, ohne von dir gestört zu werden. Lass ihn gewähren und verschaffe ihm den nötigen Raum dazu. Lass ihn frei und erdrücke ihn nicht mit deinen Vorstellungen und Erwartungen!"

„Wenn du bereit bist, kannst du deinem Partner deine Oase zeigen. Jetzt kann er sich an deinen Blumen freuen und an deiner Liebe teilhaben. Zeig ihm deine Oase mit all deinen Blumen und mit deiner ganzen Liebe."

„Freut euch zusammen am Wachstum und dem Duft eurer Blumen und eurer Liebe! Pflegt eure Oasen und lasst sie zu eurem Paradies werden!"

„Und wenn in einer Ecke dieses Paradieses noch gearbeitet wird, dann tut das nichts zur Sache. Zeige dem

Partner die Blumen. Über die Baustellen wird er von allein stolpern!"

***

Plötzlich war es wieder ruhig in Raouls Herz. Die Stimme war verschwunden. Obwohl Raoul froh war, dass die Standpauke vorüber war, hoffte er insgeheim doch, dass die Stimme ihn weiter begleiten würde. Es tat gut, klaren Wein eingeschenkt zu bekommen.

Es war viel Wahres dran an den Worten der Eingebung. Er war für ihre Hilfe sehr dankbar! Wahrscheinlich hatten nicht viele Menschen eine solch hilfreiche Stimme zur Seite. Er beschloss dieser 'Eingebung' zu folgen und Taten folgen zu lassen!

Er war sich sicher, den Grund für die Trennung gefunden zu haben. Er wollte in Zukunft an der Vorbereitung seiner Oase arbeiten. Er wollte es machen wie die Natur.

In der Natur gehen die Blumen auch nicht zu den Bienen und überschütten sie mit Honig. Die Blumen bereiten sich vor und machen sich schön und attraktiv für die Bienen. Dann warten sie und duften. Und es ist nicht so, dass dann nichts geschieht!

Er wollte diese Gedanken mal mit Hanspeter besprechen. HP hatte mehr Erfahrung in diesen Dingen. HP ging schliesslich immer noch zu diesem Kraska. Der redete doch die ganze Zeit über solches Zeug.

Für HP hatte Kraska vermutlich dieselbe Bedeutung, wie für ihn die ‚Eingebung'. Raoul vermutete, dass die ‚Eingebung' die Stimme des Gewissens sei. Nur viel deutlicher als bei anderen Menschen. Sie war so klar, wie wenn sie ihm direkt gegenüber gesessen hätte.

Raoul war total müde. Sanft glitt er hinüber in eine Art traumlosen Erschöpfungsschlaf. Er war glücklich und zufrieden. Er hatte ob all den spannenden Gesprächen mit seiner ‚Eingebung‘ völlig vergessen, weshalb er hier war.

Er fühlte sich überhaupt nicht mehr krank, sondern bereit aufzubrechen. Er war bereit für ein neues Leben! Er spürte, dass ihn in seinem Leben noch einiges erwartete!

Opfergefühle

Tief in Gedanken versunken sass Hanspeter zu Hause in seinem Lehnstuhl. Er nahm einen weiteren Schluck von seinem kühlen Bier und wischte sich den Schaum vom Mund.

Er sah sich in seinem Wohnzimmer um. Überall standen noch Nippsachen oder kleine Gegenstände, die sie von irgendwelchen gemeinsamen Reisen nach Hause mitgebracht hatten. Lauter Erinnerungen an eine schöne Zeit!

Glücklicherweise war er nicht mehr depressiv. Zwar hatte er mehrmals daran gedacht sich umzubringen, aber jetzt konnte er sich wieder voll und ganz um seine Firma kümmern.

Er hatte aus seinem Tief herausgefunden und war seinem Geschäftsführer äusserst dankbar, dass dieser in den vergangenen Monaten den Karren allein gezogen hatte.

Dank Dr. Kraska hatte er etwas Abstand gewonnen. Kraska hatte ihm mit seiner direkten und unerschrockenen Art wirklich sehr geholfen.

Er hatte nie ein Blatt vor den Mund genommen und ihm stets geradeheraus gesagt, was Sache ist. Das war nicht immer einfach und hätte fast zum Zerwürfnis geführt.

Aber jetzt hatte er sich an ihn gewöhnt und konnte damit umgehen. Es war sogar eine Art Freundschaft zwischen ihnen entstanden.

Er dachte an Kraskas Worte: „Unsere Gedanken, unsere Gefühle und unsere Fantasien sind hochmagische Kräfte, mit deren Hilfe wir unser Leben herbeizaubern, auch wenn wir dies nicht bemerken! Wir ziehen im Leben genau das an, was unserer Stimmung und unserer Wahrnehmung entspricht!"

In den letzten Monaten war ihm klar geworden, dass er mit seinen Opfergefühlen weitere Opfererfahrungen herbeizaubern würde. Das wollte er auf keinen Fall!

Er wollte von diesen Opfergefühlen wegkommen. Aber wie? Sein Schmerz war immer noch da, auch wenn er ihn weghaben wollte. Es war gar nicht so einfach.

Wegzaubern liess sich offenbar nichts. Aber wie konnte er an diesem Schmerz etwas Gutes finden? Das hatte Kraska nämlich empfohlen.

Jedes Ding habe zwei Seiten, auch eine gute! Auch an seinem Leid würde es eine gute Seite geben! Er müsse sie nur suchen und wer sucht der findet!

Was hätte Raoul wohl dazu gesagt? Raoul hätte dazu sicher nur einen einzigen Kommentar gehabt: „So ein Quatsch!" Fast wäre dieser kurze Satz auch Hanspeter herausgerutscht.

Er konnte sich gerade noch beherrschen. Aber gedacht hatte er ihn. Ja wirklich! So ein Quatsch! Käthi ging ihre eigenen Wege und er sollte es gut finden, wenn sie wegging?

Zu Beginn konnte Hanspeter es drehen und wenden wie er wollte, die gute Seite fand er nicht. Er fand diesen Gedanken absurd. Oder masochistisch. Jedenfalls nicht normal.

Auf der CD hiess es dazu noch: „Für unsere geistig-seelische Entwicklung ist es notwendig, unsere Opferhaltung endgültig aufzugeben und niemand anderem die Schuld zu geben an unseren Problemen. Niemandem! Und nichts!"

Ok, er war bereit einen gewissen Anteil der Schuld bei sich zu suchen. Aber doch nicht gleich die ganze! Käthi war bestimmt auch mindestens zur Hälfte schuld. Um zu streiten, brauchte es bekanntlich zwei.

Aber das half nicht wirklich. Damals hegte er immer noch grossen Groll gegen sie und hatte kein Verständnis für ihr Handeln. Er war böse auf sie und fand, sie hätte ihm grosses Unrecht angetan! Er war eben noch mitten in der Opferrolle drin, die er eigentlich ablegen wollte.

Um hier weiter zu kommen hatte er einen Trick versucht. Er schrieb auf seinen Spick:

„Ich will kein Opfer sein! Opfergefühle erzeugen Opfer-erfahrungen!"

Er dachte, wenn er diesen Satz jeden Morgen lesen würde, würde das autosuggestiv wirken und ihn von diesen Opfergefühlen befreien. Das schien ihm logisch. Er glaubte, er müsse nur warten auf die Wirkung.

Aber wie immer, war es dann doch nicht so einfach. Mit dem schieren Lesen von Sprüchen wurde die Welt nicht verändert! Gebetsmühlen ohne gefühlsmässigen Inhalt helfen nicht.

Groll

Dr. Kraska half ihm auch hier auf die Sprünge, indem er ihm zeigte, dass sein Groll ihn daran hinderte zu verzeihen. Verzeihung sei aber nötig, um loslassen zu können und um wieder in die Liebe zu finden. Nur so könne er von seinen Opfergedanken wegkommen.

Groll sei ein negativer Gedanke. Dieser sei mit negativen Gefühlen und Energien belastet. Diese negative Energie würde ihn weiter weg führen von seinem ursprünglichen Ziel, das seine Seele verfolge. Weiter weg von der Liebe und von der Freude!

Groll sei ein Umweg und ein Freudenkiller! Groll würde ihn viel Energie kosten. Er würde in der Folge energielos und müde werden.

Schliesslich würde ihm zu wenig Energie bleiben für den Alltag, für seine Arbeit, für seine zwischenmenschlichen Beziehungen, usw. Es würde ihm Energie fehlen für Neues. Auch für neue Ideen im Geschäft. Seine Kreativität würde leiden. Vielleicht würde er sogar krank werden.

Groll komme aus der Vergangenheit, bzw. daher, wie er früher Probleme angegangen sei. Wenn er in früheren Jahren gelernt habe, sich als Opfer zu sehen und die

Schuld bei den anderen zu suchen, so neige er vermutlich auch heute noch dazu, Probleme auf diese Art zu ‚lösen'.

Aber genau so, wie er heute keine Kinderschuhe mehr trage, sei es auch nicht mehr opportun heute noch Problemlösungs-ansätze aus der Kindheit anzuwenden. Es wäre daher dringend nötig, neue Wege und Lösungen zu suchen und zu erproben.

Verzeihen

Kraska fuhr weiter: Ein neuer, altersgemässer, Ansatz wäre das Verzeihen. Käthi verzeihen. Er solle versuchen, ihre Beweggründe zu erkennen und diese zu würdigen.

Dazu wäre es gut, die Welt mit den Augen von Käthi zu sehen. Er könne davon ausgehen, dass Käthi ihm nichts Schlechtes habe antun wollen.

Er müsse erkennen, dass dieser Weg für Käthi möglicherweise der einzig gangbare gewesen sei, um ihr Lebensziel zu erreichen. Das müsse nicht gegen ihn gerichtet gewesen sein. Nicht gegen ihn, aber für sie!

Es sei egoistisch zu glauben, sie hätte es getan, um ihm eins auszuwischen oder aus Rache. Das sei lieblos, weil er ihr die guten Absichten nicht zutraue!

Hanspeter würde sich zu wichtig nehmen, wenn er glaube, sie hätte es getan, um ihm zu schaden. Sie habe es nur für sich getan und nicht gegen ihn. Sie hätte nur wieder ihrer Lebensmitte näherkommen wollen.

Verzeihen sei ein Ausdruck von Liebe, von Akzeptanz und Respekt. Liebe lasse gewähren. Liebe bedeute zu wissen, dass der andere einem nicht gehöre. Dass man keinen Anspruch auf ihn habe! Das gelte auch und ganz speziell für den Partner. Dieser sei ein Geschenk!

Hanspeter stand auf und ging einige Schritte im Wohnzimmer auf und ab. Er dachte bei sich, dass er mit dem Verzeihen vielleicht noch etwas Mühe habe.

Aber respektieren konnte er ihren Entschluss. Ja, das ging! Und ihn akzeptieren! Er wollte ihr Raum geben, sich selbst zu sein. Raum für ihre Entfaltung und Entwicklung. Und sich selbst dabei zurücknehmen. Er spürte, dass seine Erwartungen Käthi behindert hatten auf dem Weg zu ihrer Bestimmung.

Er fühlte sich seit genau dem Moment deutlich erleichtert, wo er ihr in seinem Herzen mehr Raum und Freiheit zugestanden hatte. Sein kleiner Schritt zurück brachte wieder Luft zwischen sie beide.

So konnte er Käthi besser sehen, bzw. wahrnehmen. Er trat ihr geistig nicht mehr ständig auf die Füsse und beide konnten wieder freier atmen.

Es ging ihm besser, sobald es ihr gutgehen durfte!

Es ging ihm besser, sobald es ihr gut gehen durfte! Er fühlte, wie seine Abhängigkeit von ihr und seine Fixierung auf sie, nachliess und dass er dadurch selbst auch im

Begriff war seine Freiheit wieder zu finden! Durch Loslassen gewann er Freiheit!

Er bereute, Kraska und seine Hilfe nicht schon früher in Anspruch genommen zu haben. Jetzt war es reichlich spät für solche Erkenntnisse.

Er atmete tief durch, streckte sich und hatte das Gefühl, dass ihm ein riesiger Stein vom Herzen gefallen sei.

Allein diese kurzen Überlegungen hatten ihm geholfen. Fast wie ein Wunder. Er fühlte sich richtig erleichtert. Sein Leben ging weiter! Auch ohne Käthi!

Und plötzlich schien es ihm, dass es gar nichts zu verzeihen gab. Was sollte er verzeihen, wenn sie nur ihren vorgegebenen Weg zu gehen versuchte? Wenn sie versuchte sich selbst zu sein?

Das konnte doch nicht schuldhaft sein! Er ärgerte sich über seine Anspruchshaltung ihr gegenüber und über seine Erwartungen!

Sein Ego hatte ihm wieder einmal einen Streich gespielt. Es wollte seine Ansprüche durchsetzen. Darin war sein Ego geübt:

Es war beleidigt, frustriert, fühlte sich übergangen, vor den Kopf gestossen, usw. Im Grunde genommen war es auch sein Ego, das ihm suggerierte, er hätte ein Recht auf Käthi und sie müsste für ihn sorgen oder sich zumindest um ihn sorgen.

Er ging zum Fenster und betrachtete die Landschaft. Wie sie sich so ruhig vor ihm ausbreitete, derweil in seinem Inneren ein Sturm tobte! Die Landschaft kümmerte sich absolut nicht um seinen Sturm. Sie lag friedlich vor ihm und strahlte ihn an.

Ihm schien, dass diese Landschaft wenigstens ein klein wenig Anteil nehmen könnte an seinen Problemen. Es könnte ja ein lokales Gewitter über sein Haus brausen mit einigen heftigen Windstössen.

Aber nichts dergleichen geschah! Dabei hatte Kraska doch gesagt, dass wir mit unseren Gedanken unsere Umgebung beeinflussen würden! Von wegen!

HP dachte bei sich, dass er sich in Zukunft nicht mehr so wichtig nehmen wollte. Wie das Wetter vorzeigte, drehte sich nicht alles um ihn und seine Befindlichkeiten!

Hildegards heimliche Gedanken

Hildegard wartete am Bahnhof auf den Trolleybus und musterte jeden Mann, der vorbeiging. Keiner war so wie der Neueintritt von heute Morgen!

Herr Weger konnte jedem Vergleich standhalten. Keiner hatte eine so stattliche Erscheinung. Keiner war eine Persönlichkeit wie er.

Von diesen jungen Schnöseln mit ihren Handys und dem Stöpsel im Ohr konnte ihm keiner das Wasser reichen. Auch die mit ihren feinen Massanzügen und den teuren Schuhen nicht. Keiner hatte das Format von Herrn Weger. Er stach alle aus! Fand sie.

Herr Weger war jemand. Ja wirklich! Ein Mann mit Charakter, der sich nicht genierte sein Leid zu zeigen. Der sich für seine Tränen nicht schämen musste.

Wie konnte seine Frau nur von ihm weggehen? War sie denn von allen guten Geistern verlassen? Am liebsten hätte Hildegard mit dieser Person mal ein ernstes Wort geredet!

Sie bedauerte diesen armen Mann regelrecht und beschloss ihm morgen Blumen mitzubringen.

Auch lange nachdem sie den Bus bestiegen und Platz genommen hatte, beschäftigten sich ihre Gedanken immer noch mit Herrn Weger.

Sie überlegte, wie sie ihm helfen könnte. Sie wollte ihm etwas Wärme und Mitgefühl geben, damit er sich nicht so allein und verlassen fühlen musste. Sie wollte ihm den Aufenthalt in der IPS so angenehm wie möglich machen. Sie wollte Menschlichkeit bringen in diese Technikwüste. Und Blumen!

Eigentlich waren Blumen in der IPS nicht gern gesehen. Aber sie würde bei ihm mal eine Ausnahme machen. Schliesslich würden Blumen ja zur Genesung beitragen. Das hatte sogar der Chef zugeben müssen. Sie würde ihn bei Gelegenheit wieder mal daran erinnern!

Bettina in der Notaufnahme

Bettina war mit der Ambulanz in die Notfallstation gefahren worden. Dort wurde sie geröntgt und vom diensttuenden Assistenzarzt genau untersucht. Er konnte die Erstdiagnose vom Sanitäter nur bestätigen.

Im Röntgenbild waren die drei gebrochenen Rippen genau zu sehen, wobei offenbar eine die Lunge verletzt und den Spannungspnoe verursacht hatte.

Auf dem Bild war auch eine Flüssigkeit erkennbar. Das war vermutlich Blut. Zum Glück war es nicht viel, aber es musste dennoch abgesaugt werden.

Der Assistenzarzt orientierte den Oberarzt über seine Diagnose und erwähnte dabei lobend die lebensrettende Notmassnahme des Sanitäters. Ohne ihn hätte es durchaus sein können, dass Bettina erstickt wäre.

Der Oberarzt studierte die Unterlagen und fragte Frau Weger, wie sie sich fühle.

Sie hatte natürlich gehört, was der Assistenzarzt vorhin rapportiert hatte und wollte deshalb wissen, ob es schlimm stehe mit ihr und wie es weiter gehe.

Der Oberarzt erklärte ihr, dass die kritischste Situation vorüber sei und jetzt nur noch eine Thoraxdrainage gelegt werden müsse, um das Blut absaugen zu können.

Es sei wichtig die Lunge zu entlasten, um ihr Zeit zu geben, sich wieder zu entfalten. So könne auch das Loch in der Lunge wieder verheilen. Dazu müsse sie zumindest diese Nacht auf der Intensivstation überwacht werden.

Intensivstation? Da war sie doch bereits heute Mittag! Da würde Raoul aber Augen machen! So schnell hatte er sie bestimmt nicht zurückerwartet.

Ob das gut kommt? Sie hoffte, nicht direkt neben Raoul liegen zu müssen. Er würde sie bestimmt auch durch den Vorhang erkennen.

Er würde Fragen stellen und sie müsste ihm alles erzählen, wie und warum sie hier gelandet sei. Sie befürchtete, er würde sich wieder aufregen und dadurch sein Herz noch mehr Schaden nehmen.

Ihre Überlegungen wurden unterbrochen durch den Assistenzarzt, welcher sich an einer Art Pumpe zu schaffen machte.

Diese bestand vorwiegend aus einem sehr grossen Glas, eher schon ein Kübel, und einigen dicken Schläuchen. Aber an dem einen Schlauch war vorn eine eiserne Spitze angebracht. Diese war annähernd kleinfingerdick.

So stellte sie sich die Nägel vor, mit denen Jesus ans Kreuz genagelt wurde. Ihre Augen folgten jeder Bewegung des Arztes, die er damit machte.

Dieser bemerkte ihre Angst und begann zu erklären, dies sei ein Troicart[10]. Er werde zwar mit dem Riesending ihren Brustkorb durchbohren müssen, aber zuvor die Stichstelle unempfindlich machen und erst noch mit einem kleinen Messer den Stichkanal vorbereiten.

Er versicherte ihr, dass sie von der ganzen Prozedur nur den kleinen Stich mit der anästhesierenden Spritze merken werde.

Bettina war durch diese Ausführungen überhaupt nicht beruhigt. Sie starrte unablässig auf diesen Troicart, wie er das Mörderinstrument nannte.

Da hiess der Arzt sie aufsitzen und rief der Schwester, sie soll mit der Desinfektion beginnen.

Sie ergab sich ihrem Schicksal und tröstete sich mit dem Gedanken, dass ihre letzte Stunde offenbar noch nicht

---

[10] Eine speziell grosse Nadel mit Dreifachschliff und angehängtem Schlauch, für die Punktion von Flüssigkeiten in grossen Mengen geeignet.

geschlagen hatte, weil sie sonst bereits auf der Strasse liegen geblieben wäre.

Um sich abzulenken richtete sie ihre Aufmerksamkeit auf Raoul und den Augenblick, wenn er gewahr werden würde, wer neben ihm liegt. Sie versuchte sich seine Reaktion vorzustellen.

Ihr kamen die Tränen bei dem Gedanken an Raoul. Alles war so schnell gegangen. Noch vor wenigen Monaten hätte sie jedem eine schallende Ohrfeige verpasst, der behauptet hätte, sie habe ein Verhältnis mit Fred.

Und nun war sie sogar zu Hause ausgezogen, um mit Fred zusammen sein zu können. Sie konnte es sich selbst nicht erklären. Sie hatte sich Hals über Kopf in Fred verliebt. Diesmal war es ganz anders als damals bei Raoul.

Damals hatte sie ihn täglich gesehen und sein Werben gespürt, obwohl Raoul sich kaum traute. Sie hatte viel Zeit, ihn genau zu beobachten und seinen Charakter zu studieren.

Raoul war ein arbeitsamer, geradliniger, treuer, ehrlicher Junge, aber in Liebesdingen eher unbeholfen. So hatte auch ihre eigene Liebe Zeit zu wachsen, bis sie ihn schliesslich ‚erhört' und seine Konzerteinladung angenommen hatte.

An jenem Abend war es um ihn geschehen. Er hatte sie während dem ganzen Konzert angestarrt und wahrscheinlich keinen Ton von der Vorstellung mitbekommen.

Sie musste sich zusammennehmen, um sich nicht anmerken zu lassen, dass sie ihn am liebsten umarmt hätte. Er war so lieb, fast putzig, in seiner naiven Verliebtheit.

Und beim Abschied vor der Haustüre liess sie ihn absichtlich noch etwas zappeln und nahm ihn nicht für einen Kaffee mit in ihre Wohnung. Sie gab ihm nur einen flüchtigen Kuss auf die Wange und liess ihn schmachtend zurück.

Sie hatte ihn noch eine ganze Weile unten stehen sehen, wie er verklärt vor sich hin summte bis er schliesslich die paar Schritte zurück zu seinem Wagen trottete. Man musste ihn einfach liebhaben!

Sie konnte sich selbst nicht verstehen, konnte es sich nicht erklären. Sie hatte beide Männer lieb. Mit Fred war alles ganz schnell gegangen.

Eigentlich kannte sie ihn ja schon länger. Aber es war nie etwas gewesen zwischen ihnen. Nicht im Geringsten, kein Blick, kein Flirt, kein Wort, einfach nichts.

Und dann an jenem Dienstag, als sie mal ausnahmsweise nicht mit den Ladies Golf spielte, sondern sich von einer Freundin aus der Studienzeit zu einem Stadtbummel hatte überreden lassen, kam dieser Fred an ihren Tisch im Strassencafé und setzte sich neben sie. Sie sprachen über dies und das, ganz belanglos.

Als Fred kurz Zigaretten holen ging flüsterte ihre Freundin ihr ins Ohr: „Du, merkst Du eigentlich nicht, dass Fred total verknallt ist in Dich? Er sieht nur Dich. Mich hat er nicht mal begrüsst. Für ihn bin ich Luft."

Bettina fiel es wie Schuppen von den Augen. Als Fred mit den Zigaretten zurückkam, sah sie in ihm plötzlich nur noch den attraktiven Mann, der ihr den Hof machte und sie mit Komplimenten überschüttete.

Er löste bei ihr plötzlich Gänsehaut aus. Sie wusste nicht, was mit ihr geschah. Es war wie Zauberei. Sie war hingerissen und konnte keinen klaren Gedanken mehr fassen.

Sie sah sie Fred zum ersten Mal mit anderen Augen. Und es begann ihr zu gefallen, dass er sie umschwärmte und begehrte.

Ihre Freundin versuchte mehrmals sie von ihm abzulenken und wieder in die Realität zurückzuholen. Aber es gelang ihr nicht.

Bettina hatte nur noch Augen und Ohren für Fred. Sie bemerkte nicht einmal, dass ihre Freundin schliesslich aufstand und den Tisch verliess. Sie hörte auch nicht den leisen Unterton in ihrer Stimme als sie sagte: „Ruf mich an, wenn Du wieder da bist."

Bettina hing an Freds Lippen und als er seinen Stuhl näher zu ihr rückte, wurde ihr ganz heiss. Das war's! Sie spürte plötzlich dieses Wow, von dem sie seit der Pubertät geträumt hatte.

Die Leidenschaft explodierte förmlich in ihr. Sie konnte ihm nicht in die Augen sehen. Ein kalter Schauer lief ihr über den Rücken, gleich gefolgt von einer allesdurchflutenden Hitze. Sie spürte ein intensives Kribbeln in der Bauchgegend. Alles war plötzlich lebendig da drin.

Ihr Herz klopfte wie verrückt und kleine Schweissperlen zierten plötzlich ihre Stirn. Sie wusste gar nicht was er redete. Ihr Atem war tief und schwer.

Als er wie zufällig ihre Hand berührte, richteten sich ihre Brustwarzen auf und wurden ganz hart. In ihrem Unterleib begann dieses unbestimmte Ziehen. Sie musste ihn haben, und koste es die Welt!

Sie war nicht mehr im Stande zu denken. Sie kriegte kaum noch Luft. Ihr wurde ganz schwindelig. Wie ein Fieberanfall. In ihr begann alles zu vibrieren. Wellen von Lust liessen ihren Körper erschauern. Sie spürte nur noch diesen unheimlichen Drang, sich ihm hinzugeben.

Ein unbeschreibliches Verlangen und Begehren erfüllte plötzlich ihren Körper. Sie wurde von einem Gefühl von totaler Hingabe erfüllt. Sie war bereit.

Irgendwie landeten beide in seinem Cabrio und fuhren los. Fred musste gespürt haben, dass er heute leichtes Spiel haben würde bei ihr, denn er fuhr, ohne sie zu fragen, direkt zu sich nach Hause.

Mit der Fernbedienung öffnete er das Garagentor und küsste sie gleichzeitig auf die Wange. Sie schlang ihre Arme um seinen Hals und küsste ihn voller Innbrunst auf den Mund. Er hätte beinahe das Fahrrad umgefahren, das sein Neffe hatte stehen lassen.

Sie schmolz völlig dahin als Fred ihr seinen Arm um die Schulter legte und ihr ins Ohr flüsterte: „Komm! Liebes!". Ein Schauer durchfuhr sie beim Gedanken an das, was bevorstand.

Sie fuhr mit ihrer Rechten in seinen Hemdausschnitt und beschrieb mit ihren Fingerspitzen zarte Kreise um seine Brustwarzen. Er roch so gut! Sie sog seinen Duft tief in sich hinein.

Seine Brust war glattrasiert und seine Haut fühlte sich samtig an. Sie streifte seinen Bauchnabel. Er tat einen tiefen Seufzer und flüsterte ihr erneut ins Ohr: „Komm nach oben!"

Sie spürte seinen Mund an ihrem Ohr und seinen Atem zart auf ihrem Nacken. Sie …

... und auf der IPS.

„Fertig!", verkündete die Schwester, gegen deren Bauch sie sich gelehnt hatte, während der Arzt ihr den Troicart in den Rücken rammte.

Sie wurde verbunden und erhielt einen straffen Verband rund um ihren Brustkasten. Nun durfte sie wieder liegen. Gespürt hatte sie rein gar nichts. Der Arzt verabschiedete sich von ihr und lobte sie dafür, dass sie die Prozedur ganz ruhig über sich habe ergehen lassen.

Und sie dachte bei sich: „Kunststück! Wenn der wüsste…!" Sie bedauerte, dass die Prozedur schon fertig war und ihre wollüstigen Gedanken derart abrupt unterbrochen wurden. Gerne hätte sie noch weiter in Erinnerungen geschwelgt und sich in ihrer Fantasie Fred hingegeben.

Beim Verlassen der Koje sagte der Arzt noch zur Schwester: „Sie kann jetzt auf die IPS verlegt werden. Bis morgen früh sollte sie überwacht werden. Ich mache die Verordnungen im Stationszimmer."

Beim Wort ‚IPS' zuckte Bettina zusammen und war definitiv wieder in der Realität angelangt. Die Gedanken schossen ihr wild durch ihren Kopf:

„Auf der IPS komme ich womöglich noch neben Raoul zu liegen. Genau das hat zu meinem Glück noch gefehlt!"

Aber dann folgten in rascher Folge die Bilder von dieser Blondine auf Freds Mitfahrersitz und wie sie die Beiden im Auto verfolgt hatte.

In der nächsten Sekunde hörte sie im Geiste erneut das laute Krachen von Blech und spürte nochmals den Schmerz in ihrer Brust.

Wut erfasste sie. Sie hatte beide genau gesehen. Leugnen würde ihm hierbei nicht helfen. Sie wollte ihn zur Rede stellen. Schliesslich waren sie verabredet gewesen.

Hätte er sich an die Abmachung gehalten wäre sie nun nicht hier. „Dieser Scheisskerl!" Mit dem wollte sie demnächst Tacheles[11] reden!

***

Raoul spürte eine Hand auf seiner Schulter. Er schlug die Augen auf und konnte sich vorerst überhaupt nicht orientieren. Er sah eine Art Duschvorhang, der ihn auf drei Seiten fast vollständig einhüllte, dazu viele Gerätschaften, Bildschirme und Schläuche, welche grösstenteils an seinen Armen entsprangen und eine weiss gekleidete Frau in mittlerem Alter mit einem Schild an der linken Brust: PFFF Lea Marti.

Aha, dachte Raoul bei sich, wieder so ein Vitamincocktail.

Frau Marti stellte sich vor und erklärte, sie sei hier die diensthabende Schwester bis um 23 Uhr. Dann würde sie abgelöst.

Und sie fuhr fort: „Ich möchte Ihnen mitteilen, dass in wenigen Minuten ihre Frau, Frau Weger, auf diese Station verlegt wird."

---

[11] Klartext reden

„Was?!", Raoul wäre aufgesprungen, wenn er gekonnt hätte. „Sie meinen wohl, Bettina kommt mich besuchen? Oder habe ich richtig verstanden, dass Bettina als Patientin hier zu liegen kommt?"

„Ja, leider! Frau Weger hatte einen Autounfall und wird nächstens von der Notfallstation hierher verlegt. Es geht ihr den Umständen entsprechend gut. Sie braucht nur noch etwas Überwachung während dieser Nacht."

„Ja, aber was ist denn passiert? Was hat sie denn?", wollte Raoul wissen, doch Frau Marti sagte bloss: „Fragen sie sie selbst, sie ist bereits hier."

Dann wurde ein Bett zur Türe hereingeschoben. Auf der Bettdecke lag ein Kleid, welches Raoul unschwer als eines von Bettinas Sommerkleidern erkannte.

Erst danach sah er sie selbst. Sie schaute ihm direkt ins Gesicht. Ihr Blick schien ihn fragen zu wollen, ob es ihm recht sei, wenn sie direkt neben ihm liege. Sie schien sich entschuldigen zu wollen für die Störung seines wohlverdienten Schlafes.

***

Bettina wurde tatsächlich in die Koje rechts neben ihm geschoben. War das Absicht oder Zufall? Was hatte sich die Schwester dabei gedacht?

Raoul wollte wissen, was mit ihr passiert sei und wie es ihr gehe. Aber sie sagte nichts und wandte sich ab. Nach einigen Minuten hörte er von rechts ein leises Schniefen. Die Vorhänge waren gezogen. Aber er war sich sicher, dass es von Bettina kam.

Er fasste sich ein Herz und fragte durch den Vorhang: „Hast Du Schmerzen? Was ist denn passiert?"

Keine Antwort, aber erneutes Schniefen, diesmal lauter und vernehmlicher. Bettina schien es wirklich nicht gut zu gehen. Er machte sich Sorgen.

Schliesslich rief er die Schwester und bat sie, den Vorhang zwischen ihm und seiner Frau doch bitte aufzumachen. „Da muss ich ihre Frau zuerst fragen", gab diese zur Antwort und verschwand hinter dem Vorhang.

Bettina hatte alles gehört, so dass die Antwort schon kam, bevor die Schwester fragen konnte: „Ja, bitte, öffnen sie! Vielen Dank!"

Und nun sah er sie. Bettina blickte ihm direkt in die Augen. Dieser Blick! Was der wohl sagen wollte? Jedenfalls hatte sie geweint.

Hatte sie vielleicht starke Schmerzen? Was war überhaupt passiert? Warum lag sie hier? Raouls Herz floss über vor lauter Mitgefühl.

Nun weinte auch er, obwohl er nicht genau wusste weshalb. Seine Tränen kullerten leise über seine Wangen und verschwanden im Kopfkissen.

Sie tat ihm so leid. Wie sie so hilflos da lag, eingepackt in ihren Verband, der sie kaum atmen liess und an Schläuchen angeschlossen wie er. Bestimmt hatte sie Schmerzen.

Er vergass gänzlich, dass er selbst auch im Spital lag und nur knapp am Tod vorbeigeschrammt war. Er hatte sowieso das Gefühl, er sei nur noch zur Beobachtung hier und eigentlich hätte er alles bereits hinter sich. Er fühlte sich gesund.

Am liebsten wäre er aufgestanden und hätte sich zu Bettina ins Bett gelegt. Er wollte ihr nahe sein, sie spüren und sie trösten. Er hätte sie in die Arme nehmen und ihr Halt geben können. Sein Herz strömte über vor lauter Liebe zu ihr.

Sie war da und alles war gut!

Sie war da und alles war gut! Er vergass die letzten Tage mit ihrem Schmerz. Er vergass seine Verzweiflung und seine Wut. Er wollte plötzlich nicht mehr auswandern oder Bettina vernichten.

Sein Leben machte wieder Sinn. Er liess seinen Tränen freien Lauf. Sein Herz wurde leichter und begann wieder zu hoffen. Sie war da und alles war gut.

Da wurde er durch die Stimme von Bettina aus seinen Emotionen gerissen.

„Entschuldige Schatz!", hörte er sie durch seine Tränen hindurch. Er vernahm nur ‚Schatz'. Genau wie gestern: „Schatz", oder war es heute? Es war ihm egal ob gestern oder heute. Er hatte den Überblick über die Tage und Stunden verloren. Ihm schien es, er würde bereits Tage hier liegen, dabei kam er erst heute Morgen hier an.

In seinem Herzen ging alles drunter und drüber. Da kam es nicht auf die Minute an. Sein ganzes Leben wurde durchgeschüttelt. Nichts war mehr wie früher. Er war nicht mehr wie früher.

Er wusste nur, dass er sie liebte. Und dass sie ihn vor einer Woche verlassen hatte. Wegen diesem Lackaffen. Ja

‚Lackaffe', ein treffenderes Wort gab es nicht für diesen ... Lackaffen!

„Entschuldige Schatz! Wie geht es dir?" fragte Bettina.

Lange Pause. Raoul antwortete nicht. Er konnte nicht. Er hätte sie küssen oder in den Arm nehmen können, aber sprechen konnte er nicht. Er war traurig und weinte. Seine Stimme war erstickt in den Tränen. Die Worte blieben in seinem Hals stecken, genauso wie seine Gedanken im Herzen stecken blieben.

Anstatt zu sprechen hielt er ihr seine Hand hin. Er konnte sie aber nicht erreichen. Ihr Bett war zu weit weg. Auch sie versuchte, ihm so nahe zu sein wie möglich. Bettina fragte die Schwester, ob es möglich wäre, die Betten etwas näher zueinander zu schieben.

Sie wollte es versuchen, doch das Bett von Raoul war so stark verkabelt und mit den verschiedensten Messgeräten verbunden, dass es sich nur wenig verschieben liess.

Glücklicherweise war Bettinas Bett nicht so ‚angebunden'. Aber trotz aller Bemühungen reichte es nicht ganz. Raoul und Bettina konnten sich nur leicht an den Fingerspitzen berühren.

Und sofort durchströmte ihn ein Gefühl von Geborgenheit, Zufriedenheit, Wärme und Glück. Er schloss die Augen und versuchte zu vergessen wo er war. Er war einfach nur glücklich und müde. Seine Welt war wieder in Ordnung. Endlich konnte er sich entspannen.

Chris zu Besuch

Bettina war froh, dass er döste. So fragte er nicht und sie musste nicht erzählen. Sie versuchte sich vorzustellen, was sie empfinden würde, wenn er sie fragte, was passiert sei.

Als sie gerade mitten in diesen Gedanken steckte, trat plötzlich Chris an ihr Bett. Sie hatte sie gar nicht gehört, so beschäftigt war sie mit ihren Antworten.

„Mami! Was tust du denn hier? HP hat mich angerufen und gesagt, dass Papi im Spital sei. Es gehe ihm nicht gut. Er hätte einen ausgedehnten Herzinfarkt gehabt und würde nun hier auf der Intensivstation liegen.

Aber dich hat er mit keinem Wort erwähnt. Wie kommst du denn hierher? Es kann doch nicht sein, dass du auch einen Infarkt hattest!"

„Nein, natürlich nicht. Ich hatte einen Autounfall und habe mir einige Rippen gebrochen. Eigentlich nichts Schlimmes, aber eine Rippe hat mir dabei die Lunge aufgespiesst und ich bekam keine Luft mehr.

Nun muss ich eine Nacht zur Überwachung hierbleiben. Dieser Saugapparat macht, dass ich wieder normal atmen kann, bis sich das Loch in der Lunge geschlossen hat."

„Und da kommst du ausgerechnet neben Papi zu liegen?", fragte Chris.

„Ja, wie du siehst. Ich weiss noch nicht, ob das gut kommt, aber nun ist es mal so."

„Was hat denn Papi dazu gesagt?"

„Bisher noch nichts. Schau, wie glücklich er ausschaut. Er ist eingeschlafen, sobald er meine Hand berührt hatte. Ich hoffe, dass dies so bleibt. Er darf sich nicht aufregen. Wer weiss, was dann passiert und ob sein Herz dies erträgt."

***

Beide betrachteten schweigend den glücklich schlafenden Mann. Bettina hatte Gewissensbisse und machte sich grosse Sorgen um Raoul. Sie fragte sich zum ersten Mal ernsthaft, ob es richtig gewesen war, ihn wegen Fred zu verlassen.

In den letzten Wochen hatte sie wie eine Traumwandlerin auf Wolke sieben gelebt. Sie war wie verwandelt und hatte nur noch Fred im Sinn.

Alles andere um sie herum verblasste und wurde unwichtig. Es interessierte sie nicht mehr. Fred war ihr erster Gedanke am Morgen, der letzte am Abend und dazwischen genauso. Fred füllte alles aus. Fred wurde ihr Leben.

Da war es nur folgerichtig, dass sie zu Hause auszog, um mit Fred das neue Leben zu beginnen. Sie wollte ihm nahe sein, ihn spüren, seine Gegenwart geniessen.

Aber wenn sie Raoul jetzt so daliegen sah, traurig, hilflos weinend und gleichzeitig hocherfreut darüber, dass sie bei ihm war, dann kam sie doch ins Grübeln.

Raoul hatte sich nichts zuschulden kommen lassen. Er hatte sie bedingungslos lieb. Sie hatten keine grundlegenden Meinungsverschiedenheiten oder Streit. Sie hatten es gut zusammen, bevor Fred in ihr Leben trat.

Aber seit jenem Dienstagnachmittag im Café war es um sie geschehen! Alles ging so schnell. Sie gab sich Fred hin. Sie wollte ihn um jeden Preis!

Sie verstand sich selbst nicht mehr. Sie konnte einfach nicht anders. Ihr Körper handelte gewissermassen autonom, ohne auf sie Rücksicht zu nehmen.

Bis heute wurde sie von Fred magisch angezogen. Sie hatte völlig den Verstand verloren. Ihr Leben war neu und ekstatisch geworden, schnell, intensiv, feurig und orgiastisch. Unbeschreiblich! Bei diesen Gedanken bekam sie erneut Gänsehaut und ein wohliger Schauer durchlief ihren Körper.

Sie war immer noch mit Fred beschäftigt, als Chris sie leise flüsternd fragte: „Wie geht's mit Fred? Seid ihr noch zusammen?"

Bettina erwachte aus ihren Träumen. Sie hatte nicht recht gehört, was Chris gefragt hatte. Nachdem Chris ihre Frage wiederholt hatte, atmete Betina tief durch.

„Ja, das ist ja gerade das Problem! Wir waren für heute Nachmittag verabredet. Wir wollten zusammen eine Spritztour ins Tessin machen. Aber er kam nicht."

„Mir kam der Verdacht, dass er wieder an der Uferpromenade auf der Jagd sein könnte. Und genau so war es auch.

Ich ertappte ihn mit einer aufgedonnerten Blondine im Wagen und bin ihm sofort nachgefahren. Und dabei passierte es. Jetzt bin ich hier, der Wagen kaputt, die Ehe kaputt und Fred mit einer anderen unterwegs. Großartig, nicht?"

„Ja Mami, male jetzt nicht den Teufel an die Wand. Wer weiss, wie die Sache weitergeht. Lass es kommen wie es muss! Hast du wenigstens schon etwas gehört von ihm?"

„Eben nicht! Den werde ich mir vorknöpfen, sobald ich hier raus bin!"

***

„Gehst du schon wieder?", wandte sich Raoul etwas verwirrt an Bettina und schlug die Augen auf. „Oh, hallo Chris! Das ist aber nett, dass du uns besuchen kommst. Wie geht es dir?"

„Hallo Papi! Das muss ich doch wohl eher dich fragen. Also sag, wie geht es dir?"

„Ach schon viel besser. Ich glaube, ich kann bald nach Hause. Ich spüre rein gar nichts mehr vom Infarkt. Und jetzt, wo ihr beide da seid, geht es mir nochmals besser. Ich freue mich schon auf zu Hause, wo wir dann wieder alle zusammen sind."

Bettina schaute Chris betroffen an. „Oh Papi!", sprang Chris ein, „Warte doch erst mal ab, bis du wieder ganz gesund bist. Dann sehen wir weiter. Mach nicht ständig Pläne mit uns!"

„Ja, aber…". Raoul drehte den Kopf zu Bettina. Doch bevor er weiterreden konnte fiel ihm Chris in bestimmendem Ton ins Wort: „Papi, jetzt lass das endlich! Es ist jetzt nicht der Zeitpunkt für Zukunftspläne!"

Raoul schloss erneut die Augen und sagte nichts mehr. Er war enttäuscht und frustriert. War es denn nicht selbstverständlich, dass wieder alle, vor allem aber

Bettina und er, zu Hause sein wollten? Eine intakte Familie, war das nicht das Ziel?

Bettinas Gedanken jagen sich

Bettina sagte nichts. Sie war froh, dass Chris im rechten Moment eingesprungen war und Raoul zurechtgewiesen hatte. Sonst wäre das Gespräch bestimmt noch ausgeartet.

Oder sie hätte Antworten geben müssen, die sie noch nicht hatte. Auf jeden Fall war ihre erste Wiedersehensfreude verflogen und machte einer tiefen Ernüchterung Platz. Sie begann sich zu fragen, ob es eine gute Idee war, sie direkt neben Raoul zu legen.

Was hätte sie auch sagen sollen? Sie wusste es ja selbst nicht. Die Ereignisse hatten sich in den letzten Stunden überschlagen.

Mitten im Aufbau ihres neuen Lebens erwischte sie Fred mit einer anderen. Sie wollte ihr gesamtes bisheriges Leben aufgegeben und war mit Pauken und Trompeten zu Fred übergelaufen.

Doch dieser Gauner betrog sie schon vor ihrer Ankunft! Diese Schmach, diese Demütigung sass tief!

Andererseits war sie ja gewarnt. Ihre Freundin hatte ihr ausgiebig von Freds Eskapaden erzählt. Er war stadtbekannt. Sie hätte es wissen müssen.

Aber Fred hatte ihr hoch und heilig versprochen, dass es bei ihr was ganz anderes sei. Er hat sein Vorleben nicht bestritten, ja sogar offen zugegeben.

Und gleichzeitig beteuerte er glaubhaft, dass sie die einzige und erste Frau sei, die er wirklich liebe. Mit ihr, und nur mit ihr, könne er sich eine Zukunft vorstellen.

Schöne Worte! Nur zu gern hätte sie ihnen Glauben geschenkt. Bettina seufzte.

Waren diese Worte für Fred reine Routine? Quasi sein Alltag? Hatte er sie vielleicht allen seinen Gespielinnen ins Ohr geflüstert? Musste sie denn ausgerechnet auf diesen Charmeur hereinfallen?

Wäre ein Leben an der Seite von Raoul nicht doch besser gewesen? Einfacher und vertraut? Alles wäre seinen bisherigen Trott gegangen. Ohne Feuer oder Ekstase, dafür ehrlich, sicher, berechenbar, geradlinig, treu und geborgen.

Raoul liebte sie auf seine ganz eigene Art. Und er war gut zu ihr. Sie konnte sich nicht beklagen. Für ihn war sie sein Leben. Ohne sie schien er vor die Hunde zu gehen.

Und sie liebte ihn auch. Ja, sie liebte Raoul, auch wenn sie ihn verlassen hatte. Ihre Liebe war nicht einfach weg. Sie war vielmehr im Alltagstrott untergegangen. Aber sie spürte sie immer noch! So wie heute, ganz deutlich!

Sie hatten es nicht geschafft, miteinander aus dem Alltag auszusteigen. Als sie noch zusammen gearbeitet hatten, war es einfacher. Damals mussten sie nur beide am selben Strick ziehen und es kam gut. Es lief alles wie am Schnürchen, jahrelang.

Aber jetzt? Jetzt spürte sie eine gewisse Unruhe in ihr. Sie wusste nicht genau woher diese kam und was sie zu bedeuten hatte. Sie machte sich eigentlich wenig Gedanken darüber.

Raoul plante immer alles und so liess sie ihn halt machen. Es war nie langweilig mit ihm. Sie machten viele Reisen und hatten es auch sonst gut miteinander.

Aber als dann Fred wie eine Lawine über sie hereinbrach, hatte sie diesem Sturm nichts entgegenzusetzen. Sie wurde einfach mitgerissen. Ihr Leben wurde durcheinandergewirbelt. Es blieb keine Zeit darüber nachzudenken, schon war sie mitten drin im Geschehen.

Es war phantastisch! Noch nie hatte sie so intensiv gelebt. Noch nie zuvor hatte sie jeden Atemzug so bewusst wahrgenommen.

Jede Faser ihres Körpers zeigte ihr Gefühle, die sie bis vor kurzem noch nicht gekannt hatte. Es war berauschend. Sie schwebte durch ihr Leben und genoss dieses Hoch in vollen Zügen.

Sogar ihre Probleme erlebte sie viel intensiver als je zuvor, was sie aber genauso genoss wie die schönen Momente. Es spielte sich alles in einem Rahmen von tiefem Urvertrauen ab.

Es konnte nichts schief gehen. Die Probleme waren einfach die andere Seite der Medaille und gehörten dazu. Probleme waren Teil dieser intensiven Phase.

Sie lebte gerne in diesem intensiven Leben. Traumwandlerisch tappte sie durch die Tage, ohne Blick auf die Realität. Sie genoss diesen neuen Zustand in vollen Zügen. Sie lebte zu 100% im Jetzt, ohne Vergangenheit und ohne Zukunft.

Warum eigentlich? Ja, warum liess sie alles stehen und liegen und lief über zu Fred? Zu diesem Lügner und

Betrüger! Hätte es nicht genügt, ein paarmal mit ihm ins Bett zu steigen?

Und gleichzeitig weiter mit Raoul zu leben? Sofort verwarf sie diesen Gedanken wieder. Sie war zu ehrlich, um Raoul zu betrügen. Sie schätzte ihn zu sehr, um ihm so weh zu tun.

Das hätte sie nicht gekonnt. Er hatte es nicht verdient betrogen zu werden. Er war ein lieber und guter Mensch. Sie wünschte ihm nichts Schlechtes! Sie schämte sich.

***

Schwester Marti streckte den Kopf durch den Vorhang und deutete auf ihre Uhr. Die halbe Stunde, die sie Chris gewährt hatte, war längst vorbei.

Chris stand auf, setzte sich beim Papa aufs Bett, schlang ihre Arme um ihn und küsste ihn auf beide Wangen. Sie flüsterte ihm ins Ohr: „Mach's gut Papi. Du musst wieder gesund werden, bitte!

Ich muss jetzt leider gehen, die Schwester drängt darauf. Aber morgen werde ich wieder bei Euch vorbeischauen".

Anschliessend wandte sie sich um, trat ans Bett von Bettina und fragte: „Wirst du tatsächlich morgen bereits wieder entlassen?" Bettina antwortete: „Das weiss ich nicht so genau. Der Arzt hat nur gesagt, ich müsse bis morgen hier auf der IPS bleiben. Von Entlassung hat er nichts gesagt, jedenfalls nicht direkt."

„Ok, sag der Schwester, sie soll mich anrufen. Ich hole dich ab."

Raoul zupfte Chris am Ärmel und flüsterte: „Du, kannst du mir bitte morgen mein Handy mitbringen? Es liegt zu Hause auf dem Küchentisch Die Batterie ist fast leer. Bring doch bitte auch gleich das Ladegerät aus dem Wohnzimmer mit. Bitte!"

Chris drehte sich um und fragte: „Sind Handys hier denn erlaubt? Wohl doch eher nicht, oder?" „Ich weiss es nicht", log ihr Vater, „ich brauche jedenfalls eines. Bring es einfach mit und lass den Rest meine Sorge sein."

„Wie du meinst." Chris wandte sich zum Gehen. „Also dann, bis morgen. Und bitte, vertragt euch!"

Freds Wagen ist zurück

Glücklicherweise bemerkte Fred nicht, wie die zwei jungen Damen in seinem Sportflitzer noch eine Runde drehten an der Seepromenade.

Der Kellner musste ihn zweimal ansprechen und schliesslich sogar leicht antippen, bevor er aus seinem Tagraum erwachte.

„Ich soll ihnen ausrichten, dass ihr Wagen wieder da sei", flüsterte der Kellner Fred ins Ohr, als dieser endlich wieder zuhörte.

Fred sprang auf und sah sich um. Erleichtert entdeckte er sein Prestige-Objekt etwas weiter vorn am Strassenrand.

Mit wenigen Sätzen sprang er über die Strasse und zu seinem Wagen. Ein kurzer Kontrollblick rundum genügte.

Es war alles in Ordnung. Auch sein Sacco mit dem Handy und dem ganzen Geld, alles war da!

Er schlenderte zurück ins Café, sichtlich erleichtert, und bedankte sich beim Kellner mit einem fürstlichen Trinkgeld.

Gleichzeitig bestellte er einen Aperol Spritz. Den gönnte er sich nach dieser Aufregung. Nun war alles wieder in bester Ordnung.

Er hatte seinen Wagen wieder, ohne Verluste, und erst noch eine interessante Begegnung gemacht. Diese Joy musste er sich warmhalten. Sie war Spitze! Er bedauerte, dass sie nicht hiergeblieben war. Sie hätten zusammen einen schönen Abend gehabt.

Joy war weg. Das war die Gelegenheit mal zu hören, was mit Bettina los war. Er war sich nicht sicher, ob sie ihn erkannt hatte. Er war ja sofort abgebogen. Gehört hatte er jedenfalls noch nichts, ausser den unbeantworteten Anrufen von ihr am frühen Nachmittag. Später nichts mehr. Ok, dann wollte er mal zurückrufen. Er wählte ihre Nummer und machte sich auf allerhand gefasst.

Sie ging nicht ran. Hatte sie ihn vielleicht doch gesehen und war wütend auf ihn? Oder war sie vielleicht bei Raoul und versöhnte sich gerade mit ihm? War er bei ihr durch?

Alles war möglich bei ihr. Er wollte sich weiter keinen Stress machen und legte das Handy weg. Er hatte nun ja die Nummer von Joy.

Es war ihm gerade recht, wenn Bettina sich nicht meldete. So konnte er ihren Fragen elegant ausweichen. Und er musste sie nicht sehen. Er hätte sich viel lieber nochmals mit Joy getroffen heute Abend.

Aber auch Joy ging nicht ans Telefon. Er hatte zwar ihre Nummer. Aber was half das, wenn sie nicht ranging? Er hätte den Abend wirklich gerne mit ihr verbracht.

Er liess den Nachmittag nochmals vor seinem geistigen Auge Revue passieren. Er sah sie vor sich, wie sie klitschnass aus dem Wasser stieg und ihre Bluse an ihrem wohlgeformten Busen klebte. Wie sich die spitzen Brustwarzen abzeichneten, wie sie sich auszog und den String aufhängte.

Er erlebte alles nochmals ‚hautnah' mit. In seiner Phantasie zierte er sich jetzt nicht mehr so wie am Nachmittag. Er wollte seinen Mann stellen und ihr keinen Grund mehr geben zu schmollen. Er wollte ihr zeigen, dass er sie begehrte. Er würde sie später nochmals anrufen. Sie, oder sonst Bettina.

Bettina und Raoul

Jetzt lagen beide neben einander und keiner traute sich, etwas zu sagen.

Bettina hing noch ihren Gedanken nach von vorhin, in welchen Fred ihren Lebensmittelpunkt darstellte. Plötzlich schlichen sich Gedanken der Unsicherheit ein in ihr perfektes Bild von ihrer gemeinsamen Zukunft. Was wäre, wenn sie wirklich zusammenziehen würden und Fred dann erneut jeden zweiten Nachmittag verschwunden wäre, einfach weg und auf der Pirsch?

Und Raoul traute sich nicht die eine grosse Frage zu stellen, die ihn beschäftigte. Er überlegte, was sie wohl antworten würde, wenn er sie fragte. Würde sie ihm überhaupt die Wahrheit sagen? Oder musste er mit irgendwelchen Ausflüchten und Allgemeinplätzen rechnen? Er wollte sich nicht für dumm verkaufen lassen. Daher schwieg er lieber und fragte nicht.

Aber seine Gedanken jagten sich. Sie nahmen je länger desto mehr eine verhängnisvolle Wende. Er wurde immer wütender auf sie. Er machte ihr in Gedanken grosse Vorwürfe, dass sie ihn verlassen hatte und er nun wegen ihr hier auf der IPS lag.

Nur knapp war er überhaupt dem Tod entronnen. Das war allein ihre Schuld! Wenn sie nicht völlig kalt und herzlos von ihm weggelaufen wäre, wäre er gesund und glücklich zu Hause und sie würden jetzt zusammen unten in der Loggia einen Apéro nehmen.

Auch an ihrem eigenen Unglück war sie völlig allein schuld: Es geschah ihr ganz recht. So erlitt sie wenigstens einen Teil ihrer gerechten Strafe. Er hoffte, dass sie starke Schmerzen haben würde.

Alles andere wäre ungerecht. Überhaupt war das Schicksal viel zu gnädig mit ihr. Er hätte ihr gegönnt, dass es ihr noch viel dreckiger ergangen wäre.

Raoul redete sich in Gedanken regelrecht in Rage und sein Blutdruck stieg kontinuierlich an, bis schliesslich der Alarm ertönte.

Frau Marti erschien sofort am Vorhang und schlug diesen mit einer gross ausladenden Armbewegung zurück. Ihr Blick hing am Monitor.

Sie stellte fest, dass nicht nur der Blutdruck in schwindelerregende Höhen geklettert war, sondern auch sein Herz raste. Sie rief sofort den Arzt herbei. Gleichzeitig fragte Sie Raoul, was denn los sei. Ob er denn nicht wolle, dass seine Frau direkt neben ihm liege.

Ohne eine Antwort abzuwarten schob sie das Bett von Bettina an seinen ursprünglichen Platz zurück und zog den Vorhang zwischen den Eheleuten zu.

Der Arzt untersuchte Raoul und stellte fest, dass soweit alles in Ordnung sei. Er liess die Infusion mit dem Betablocker[12] schneller laufen und verabschiedete sich von der Schwester mit der Instruktion, den Blutdruck im Auge zu behalten. Raoul hatte er kaum begrüsst.

Raoul war immer noch wütend. Wie konnte sie ihm das nur antun? Was hatte sie sich denn dabei gedacht? Bedeutete er ihr so wenig? Was war los mit ihr? Er fand keine Antwort.

***

Bettina wurde durch den Alarm bei Raoul aus ihren Gedanken gerissen. Sie erschrak. Was war los mit ihm? Sofort war sie wieder ganz bei Raoul und machte sich Sorgen um ihn.

Da zog Schwester Marti den Vorhang und sie konnte nicht mehr sehen, was bei Raoul vor sich ging. Aber sie hörte wenigstens, dass der Arzt kam und schon bald wieder ging.

Das beruhigte ihre Angst etwas. Was, wenn Raoul nun gestorben wäre? Sie würde sich ihr ganzes Leben lang

---

[12] Medikament zur Regulierung des Blutdrucks und der Herzfrequenz.

Vorwürfe machen müssen. Sie hätte ihn gewissermassen umgebracht.

Sie flüsterte durch den Vorhang: "Schatz, wie geht's dir?" Raoul war immer noch wütend und antwortete nur zögerlich und etwas gequält: „Es geht." Bettina bemerkte den Unterton in seiner Stimme und fragte: „Bist du wütend?"

Ein ganzer Schwall von Ärger ergoss sich über sie: „Ich habe wohl jeden Grund wütend zu sein, wenn meine Frau zu Hause auszieht und so besessen hinter dem Nebenbuhler herjagt, dass sie im Spital landet!"

„Da kann man getrost von Totalschaden reden! Auto kaputt, Ehe kaputt, Ehemann kaputt, selber kaputt! Das hast du prima hingekriegt! Hast du nun wenigstens, was du wolltest? Oder genügt dies alles noch nicht? Soll ich etwa noch ganz sterben? Genügt halbtot und IPS noch nicht? Bist du erst dann zufrieden? War das dein Plan?"

Bettina erschrak ob dieser Wut. Es blieb ihr aber nicht viel Zeit zum Überlegen, denn bereits piepste es erneut wie wild hinter dem Vorhang. Diesmal kam der Arzt als Erster, Frau Marti direkt hinter ihm.

„Geben sie ihm 10 mg Valium, direkt in den Schlauch. Wir müssen ihn ruhigstellen, sonst passiert noch was.", hörte sie ihn sagen.

Bettina dachte bei sich, dass sie Raoul noch nie so böse, aggressiv und verbittert erlebt habe. Diese Worte waren nicht leicht hingeworfen, sie kamen aus seinem tiefsten Herzen. Es war bitterer Ernst. Er meinte, was er sagte.

Sie begann zu begreifen, was sie angerichtet hatte. Sie seufzte tief und fing leise an zu schluchzen. Sie begrub ihr

Gesicht in den Kissen und weinte. Sie hatte dies nicht gewollt.

Sie konnte nicht anders. Sie wurde mitgerissen von diesem gewaltigen Strom und geriet in einen Strudel, aus dem sie nicht mehr herausfand. Ihr Wimmern drang leise unter den Kissen hervor. Sie wurde durchgeschüttelt von ihren Gefühlen, von ihrem Leid.

Raoul dämmerte weg. Zuverlässig tat die Spritze ihre Wirkung. Er hörte nichts mehr, spürte nichts mehr und litt nicht mehr länger. Er war eingeschlafen.

***

Kurz nachdem Raoul sie so angefaucht hatte wurde Bettina von der IPS in den Aufwachraum verlegt.

Ihr war es lieber, wenn sie nicht direkt neben Raoul liegen musste. Das Resultat hatte sie ja eben erlebt. Sie wollte nicht mit ihm diskutieren, wenn er so wütend und aufgebracht war. Und sie wollte auch nicht, dass er stirbt.

Im Aufwachraum waren noch zwei weitere Betten von Patienten belegt, die vor kurzem operiert worden waren und nun langsam aus der Narkose erwachten.

Es herrschte ständig eine gewisse Unruhe im Raum, obwohl nur eine einzige Schwester anwesend war. Aber in der IPS war es ja auch nicht besser. Und schlafen wollte sie sowieso nicht. Dazu war es eindeutig noch zu früh.

Sie hatte nachzudenken. Ihr Leben war total aus den Fugen geraten wegen diesem Fred. Sie versuchte sich vorzustellen, wie es weitergehen könnte. Konnte sie Fred trauen? Seit heute Nachmittag war sie sich da nicht mehr so sicher.

Dieser Schuft hatte ihre Abmachung platzen lassen. Sie hatte wegen ihm Raoul verlassen und musste nun feststellen, dass er sie, bereits knapp eine Woche nachdem sie wegen ihm ihre Ehe ruiniert hatte, mit einer anderen betrog. Und mit was für einer! Diese aufgedonnerte Blondine war bestimmt vom horizontalen Gewerbe.

Dabei hatte er ihr doch hoch und heilig versprochen, er würde seine bisherigen Eskapaden nicht mehr wiederholen. Er wolle sich bessern. Das seien Jugendsünden und quasi nur solange nötig gewesen bis er eine Frau wie sie getroffen habe. Das würde nie mehr vorkommen!

Er sei motiviert und habe allen Grund sich zu ändern, denn mit ihr wolle er leben. Mit ihr wolle er seine Zukunft gestalten. Da hätte dieses junge Gemüse keinen Platz mehr. Wenn er mit ihr sei, dann hätte er keine andere Frau mehr nötig! Sie sei die Erfüllung seiner Träume.

Sonntag

Als Raoul erwachte, war der Vorhang von Bettinas Koje zugezogen. Sie schien leer zu sein. Keine Geräusche, kein Schatten, kein Wehen des Vorhangs. Bettina war weg.

Er hatte tief und traumlos geschlafen und fühlte sich wieder besser. Seine Wut war verflogen. Er erinnerte sich kaum noch daran, was er zu Bettina gesagt hatte.

Er wusste nur noch, dass er nicht nett gewesen war zu ihr und es tat ihm leid. Er hatte sich doch gefreut, dass Bettina da war. Aber dann war in ihm plötzlich diese Wut aufgekommen.

Er hatte Dinge gesagt, die er jetzt wieder bereute. Er hätte sich gerne bei ihr entschuldigt. Aber nun war sie weg. War sie bereits entlassen worden? Hatte er so lange geschlafen?

Als er bemerkte, dass Schwester Hildegard wieder Dienst tat, beschloss er sie bei nächster Gelegenheit zu fragen.

Aber statt Hildegard kam die Arztvisite, angeführt vom Oberarzt, gefolgt vom bereits bekannten schnaubenden ‚Metzger' und seinem Famulus, in Begleitung der Oberschwester und von Hildegard. Hinter ihr entdeckte Raoul noch eine junge Lernschwester.

Insgesamt sechs Personen standen um sein Bett und hörten dem Oberarzt zu, welcher sich nach dem Befinden von „Herrn Weger" erkundigte.

„Oh, es gehe ihm ausgezeichnet!", rapportierte Raoul, „sein Herz sei wieder vollkommen in Ordnung. Nur die Rippen würden noch schmerzen bei jeder Bewegung. Aber sonst würde er meinen, einer baldigen Verlegung auf die Abteilung würde nichts im Wege stehen."

Betretenes Schweigen rundum, nur der Oberarzt lachte schallend. „Sie sind gut! Sollen wir sie nicht besser gleich nach Hause entlassen, Herr Weger?"

„Oh ja! Das wäre prima!", freute sich Raoul. Der Oberarzt antwortete nicht, sondern machte sich an die Untersuchung von Raoul.

„Sie haben recht", meinte er schliesslich. „ihrem Herz geht es den Umständen entsprechend gut. Aber das will aber nicht heissen, dass wir sie bereits heute verlegen können. Denken sie an gestern Abend. Eine solche Blutdruckkrise kann ihnen das Leben kosten. Eine gewisse Überwachung ist noch einige Tage nötig und so lange bleiben sie hier."

„Sonst noch was?"

„Offenbar geht es hier auf der IPS allen Patienten ‚den Umständen entsprechend' gut", dachte Raoul. Trotzdem wollte er die Gelegenheit nützen, um zu fragen, wie es seiner Frau gehe.

„Frau Weger konnten wir verlegen. Wenn alles gut geht, können wir morgen oder übermorgen den Saugapparat entfernen. Das würde bedeuten, dass sie am Mittwoch entlassen werden kann."

Raoul war erleichtert. Wenigstens Bettina schien es besser zu gehen. Auch mit seinem Bescheid war er zufrieden.

Er kannte sich in solchen Dingen nicht aus und wenn der Arzt sagte, er müsse noch einige Tage bleiben, dann war das für ihn eine gute Nachricht, denn er schloss daraus, dass es nicht mehr allzu lange dauern werde, bis er wieder ganz gesund sei.

***

Bettina hatte eine gute und fast schmerzfreie Nacht. Sie führte dies auf die Schlafmedikamente und die Schmerztabletten zurück, welche ihr die Nachtschwester vorsorglich auf das Nachttischchen gelegt hatte. Beide Medikamente hatte sie am späten Abend, es war bereits fast Mitternacht, geschluckt, nachdem sie zuvor stundenlang hin und her überlegt hatte, wie es mit ihrem Leben wohl weiter gehe.

Heute spürte sie keine Atemnot mehr und hatte die dramatische Situation auf der Strasse schon fast vergessen. Einzig das Geräusch der Pumpe erinnerte sie noch daran. Aber sonst ging es ihr deutlich besser als gestern.

Der Schlaf hatte sie auch vergessen lassen in welcher verzwickten Situation sie sich befand.

Es war ihr gerade recht, dass eine Schwester, sie kannte sie noch nicht, hereinkam und ihr das Frühstück servierte. Erst jetzt bemerkte Bettina, dass sie allein im Aufwachraum war. Die beiden Frischoperierten waren bereits in der Nacht auf ihre Abteilungen verlegt worden.

Sie hatte Hunger und genoss ihr Frühstück. Als sie damit fertig war beschloss sie, sich heute keine Gedanken mehr zu machen. Sie hatte gestern keine Lösung gefunden und würde wohl auch heute keine finden.

Beim Abräumen kündigte ihr die Schwester die Verlegung auf die Abteilung an. Dort würde der Abteilungsarzt nochmals nach ihr sehen und das weitere Vorgehen beschliessen.

***

Bettina sah sich um. Das Zimmer war hell und geräumig. Sie hatte ein Einzelzimmer bekommen.

Sie wollte sie sich keine Gedanken mehr machen. Aber was blieb ihr denn anderes übrig? Sie hatte nichts zu lesen und es war auch niemand da, mit dem sie hätte reden können. Gelangweilt nahm sie die Fernbedienung zur Hand und zappte wahllos durch alle Sender. Nichts Gescheites.

Wo war denn eigentlich ihre Handtasche mit dem Handy? Oh, noch im Auto? An diese hatte sie gar nicht mehr gedacht.

Was war überhaupt aus ihrem Auto geworden? Stand es noch immer in dieser steilen Gasse und blockierte den Verkehr?

Wohl kaum. Die Polizei hatte es bestimmt abschleppen lassen. Irgendwann würde vermutlich ein Polizist vorbeikommen und ihr ihre Sachen vorbeibringen. Aber wann? Heute war Sonntag.

Sie lag im Bett und starrte an die weisse Decke. Die Decke weiss, die Wände weiss, alles steril und sauber. Einzig an der gegenüberliegenden Wand hing ein Bild eines ihr unbekannten Künstlers. Es gefiel ihr ganz gut. Es war der einzige Farbtupfer im Raum.

Stille umschlang sie. Ausser dem leisen Blubbern im Saugapparat war rein gar nichts zu hören. Auch wenn sie sich dagegen zu wehren versuchte, stürzten ihre Gedanken wieder auf sie ein: Fred? Oder doch Raoul? Abenteuer und Ekstase oder Liebe und Sicherheit?

Bei Fred würde sie sich die Nase einrennen. Das wusste sie. Ein Verzicht auf Fred konnte sie sich aber trotzdem nicht vorstellen. Die Versuchung war zu gross. Nur schon bei diesen kurzen Gedanken an Fred wurde ihr wieder ganz heiss und ihr Verlangen steigerte sich ins Unkontrollierbare.

Sie spürte förmlich seine Hände auf ihrem Unterleib und wie er ihre Wollust steigerte. Sie spreizte leicht ihre Beine und fuhr mit der Hand unter die Decke.

Ihre rechte Hand liebkoste ihren Körper und glitt dabei langsam dem Körper entlang hinunter bis sie sich auf ihre Schamlippen legte. Dort liess sie sie vorderhand mit leichtem Druck ruhen. Sie spürte ihre Klitoris pulsieren und ihr Verlangen steigerte sich weiter.

Mit der Linken massierte sie ihre wohlgeformten Brüste, zuerst zart, dann mit sanftem Druck. Sie rubbelte über ihre Brustwarzen, bis sie sich aufrichteten und ihre Lust sich im ganzen Körper auszubreiten begann.

Sie nahm die rechte Brustwarze zwischen Daumen und Zeigfinger und massierte sie gekonnt. Ihr Herz klopfte schneller und ihr Atem beschleunigte sich.

Sie war ganz feucht. Bilder von Fred, und wie er sich langsam auszog, stürmten auf sie ein. Sie nahm seinen leicht erigierten Penis in die Hand und massierte ihn sanft. Sein Penis reagierte sofort und richtete sich zur vollen Grösse auf.

Sie streifte seine Vorhaut nach hinten und betrachtete die prallgefüllte Eichel. Wie sie pulsierte und klopfte. Nun war sie schon fast dunkelrot.

Fred stöhnte auf, als sie seine Spitze in den Mund nahm und mit den Lippen liebkoste. Ein leises Zittern erfasste sein Organ.

Ihre Erregung steigerte sich. Sie drückte ihre Schamlippen nun energischer und begann diese mit kreisenden Bewegungen zu massieren.

Nun stellte sie sich vor wie Fred nackt mit erigiertem Penis vor ihr stand und zu masturbieren begann. Sie sah ihm dabei zu.

Gleichzeitig drückte sie selbst auch energischer auf ihre Klitoris und stöhnte leise. Sie sah seinen zuckenden Zauberstab und wie er ihn bearbeitete.

Sie öffnete ihre Schenkel weit und liess ihre Knie nach aussen fallen, wie wenn sie ihn einladen würde näher zu kommen.

Er rieb an seinem Schaft immer schneller auf und ab und fuhr mit geübter Hand immer wieder über seine prallglänzende Eichel.

Sie stöhnte. Sie suchte es ihm gleichzutun und rieb den Schaft ihrer Klitoris zwischen den Fingern. Ihre Finger glitten über die Klitoris, zwischen die grossen Schamlippen und öffneten diese weit. Ihre Finger glitten in ihre Vagina hinein. Sie tat es Fred gleich: Rauf und runter, rein und raus, in immer rascherer Folge und immer energischer.

Dann befasste sich ihr Mittelfinger definitiv mit der Klitoris, verweilte dort und massierte sie energisch. Ihr Körper spannte sich und bäumte sich auf. Die Wellen des Orgasmus stiegen vom Unterleib auf und durchfluteten den ganzen Körper. Sie zuckte und stöhnte laut.

Ihr Atem ging heftig. Sie brauchte nun eine Pause. Nach einigen Minuten wanderte ihr Mittelfinger aber erneut zur Klitoris und rieb dort auf und ab und fand schliesslich wieder zum Eingang der Vagina.

Sie erinnerte sich, wie zart Fred diese Gegend erkundet hatte und wie heftig und zielgerichtet seine Stösse danach waren. Ihre Erregung steigerte sich wieder.

Mit zwei Fingern drang sie tief in ihre Vagina ein. Ihre Lust war ungebrochen. Sie steuerte bereits dem nächsten Höhepunkt entgegen, wollte diesen aber noch etwas hinauszögern.

Sie massierte ihre beiden Brüste und liess die feuchte Vagina einen Moment ruhen. Aber ihr Verlangen war zu gross. Ihr Becken presste sich ganz automatisch mit rhythmischen Bewegungen ihren Fingern entgegen.

Sie konnte sich nicht mehr länger zurückhalten und begann mit der anderen Hand erneut ihre Klitoris energisch zu reiben. Vor und zurück, rauf und runter, immer rascher und intensiver. Mit zwei Fingern der einen Hand massierte sie die nasse Vagina und den G-Punkt, mit dem Mittelfinger der anderen ihre Klitoris.

Sie spürte die Kontraktionen im Becken und stöhnte laut. Sie genoss ihre Lust. Sie vergass alles um sich herum und gab sich ganz Fred hin.

Auch dieser Orgasmus war so heftig und intensiv wie selten. Kein Wunder. Schon gestern konnte sie sich kaum halten beim Gedanken an Fred und seinen Händen.

Sie war glücklich. Ihr Körper und ihre Gefühle waren eine Einheit. Sie genoss ihre tiefe Zufriedenheit und Entspannung. Wenigstens im Moment war ihre Welt in Ordnung.

Bettina denkt nach

Glücklicherweise war Bettina in einem Einzelzimmer untergebracht, wo sie kaum gestört wurde. So hatte sie

Gelegenheit zum Nachdenken. Ihre Situation war wirklich verzwickt, denn sie hatte zwei Männer lieb. Jeden auf eine komplett andere Art.

Auf der einen Seite gab es Fred den Schürzenjäger. Nur schon beim Gedanken an ihn begann ihr Herz wieder wie wild zu klopfen. Er war der Inbegriff für ekstatisches Leben.

Er hatte sie im Sturm erobert. Sie war ihm sofort verfallen. In seiner Gegenwart hatte sie sich nicht mehr im Griff und konnte keinen klaren Gedanken fassen. Die Schmetterlinge in ihrem Bauch dominierten alles. Sie dachte ständig voller Sehnsucht an ihn. Nicht umsonst hatte sie für ihn alles verlassen. Sie konnte nicht anders. Mit jeder Faser ihres Körpers zog es sie zu ihm hin.

Aber sie wusste, dass sie bei Fred nicht glücklich werden konnte. Er nahm sein Leben einfach zu locker. Das würde sie auf Dauer nicht aushalten.

Schon am Samstag war ihr klargeworden, dass es so nicht weitergehen konnte. Für ein Leben als Maitresse war sie sich zu schade!

Bis heute hatte Fred sie im Spital noch nie besucht. Sie fand auch keine Nachricht auf ihrem Handy. Einfach nichts. Das war wohl seine ganz persönliche Art sich um ‚seinen liebsten Menschen auf Erden' zu kümmern. Lauter warme Luft!

Andererseits wusste sie, dass es um sie geschehen wäre, wenn er jetzt zur Türe hereinkommen würde. Sie würde erneut mit fliegenden Fahnen zu ihm überlaufen. Es war gut, dass er sich nicht meldete. Und sie würde sich hüten ihn anzurufen! Jetzt war Abstand nötig.

Sie hätte sich ohrfeigen können. Sie ärgerte sich über sich selbst. Wie konnte sie nur so kopflos handeln! Fred hatte sie geblendet. Eine Zeit lang hatte sie tatsächlich geglaubt, er wäre ihre Zukunft.

Es war aber auch zu schön, dieses Märchen und diese Verliebtheit. Das hatte sie noch nie erlebt! Und sie befürchtete, dieser Zustand würde nie wiederkommen, wenn sie ihn nun beenden würde.

Deshalb konnte sie ihn auch nicht einfach ziehen lassen. Lieber klammerte sie sich an diese Verliebtheit, obwohl sie wusste, dass sie darunter stark leiden würde.

Andererseits wusste sie auch nicht, wie es mit ihr und mit Raoul weitergehen würde. In den letzten Tagen in ihrem Einzelzimmer hatte sie deutlich gespürt, dass sie Raoul tief im Herzen noch sehr lieb hatte.

Sie hatte ihn damals lange beobachtet und ihre Liebe zu ihm war langsam gewachsen. Er war keine Eintagsfliege. Sie hatten sehr viele schöne Tage miteinander verbracht und er entsprach genau dem Typ Mann, den sie sich stets gewünscht hatte.

Sie wollte ihn nicht aufgeben, dazu hatte sie keinen Grund. Sie hatte mit ihm ihr halbes Leben glücklich gelebt und wollte mit ihm alt werden. Ja, so hatte sie es sich immer vorgestellt und sie ist bis heute gleicher Meinung geblieben. Raoul war ihr Leben und ihre Zukunft.

Fred war ein Unfall oder ein glücklicher Zufall, je nach Gesichtspunkt. Sie war süchtig nach ihm. Und wie jede Sucht, war auch Fred ungesund. Sie wollte weder Raoul verlassen, noch Fred aufgeben.

Vor zehn Tagen, an jenem Samstag, wäre sie am liebsten von Raoul weg direkt zu Fred gezogen. Damals wollte Fred aber nicht und hatte tausend Ausreden. Und heute...? Würde sie heute noch genauso handeln?

Bettinas Entlassung

Nach kurzem Klopfen trat der Arzt mit dem Röntgenbild unter dem Arm in das Zimmer von Bettina. „Ich habe gute Nachrichten für Sie", verkündete er. „Sie können heute Nachmittag nach Hause."

„Im Röntgenbild fanden wir keine Spuren mehr von Luft oder Flüssigkeiten. Alles sauber. Und wenn ihre Wunde gut aussieht, möchten wir sie nicht länger hierbehalten als nötig. Den kleinen Faden kann ihr Hausarzt in ein paar Tagen entfernen."

Er horchte Bettina nochmals genau ab und gab das definitive Ok für die Entlassung. „Übrigens: Ihre Tochter haben wir bereits über ihren Austritt orientiert. Sie kommt etwa um 16 Uhr und holt sie ab."

Bettina wusste gar nicht recht, ob sie sich freuen sollte über ihre Entlassung. Hier hatte sie wenigstens Zeit und Ruhe zum Nachdenken.

Wohin sollte Chris sie bringen? Nach Hause in die Villa am See oder in ihre kleine Übergangs-Wohnung von Fred's Gnaden? Für beide Varianten konnte sie sich nicht begeistern. Vielleicht fuhr sie für ein paar Tage weg zur Kur?

***

Pünktlich um vier klopfte es an der Türe. Chris betrat gutgelaunt ihr Zimmer und sah Bettina am Fenster stehen. „Hallo Mami! Wie geht's? Alles ok?"

Sie schlossen einander in die Arme. Bettina musste ihre stürmische Umarmung bremsen, denn für solche Überfälle waren ihre Rippen noch zu schwach.

Bettina hatte bereits gepackt. Sie war nun doch froh dieses Zimmer mitsamt ihren Zweifeln zurücklassen zu können. Hier hatte sie sich die letzten Tage ihr Hirn zermartert und sich ständig gefragt, wie ihr Leben weitergehen könnte. Sie hoffte, an einem anderen Ort auf andere Gedanken zu kommen.

Just in diesem Moment hörte sie Chris sagen: „Mami, Du kommst natürlich für einige Tage zu mir!"

Das war die Lösung! Mit Chris verstand sie sich sehr gut. Sie waren wie alte Freundinnen, die einander alles sagen und über alles reden konnten.

Zusammen würden sie bestimmt einen Ausweg finden. Sie begann sich auf die nächsten Tage zu freuen. Ihre Niedergeschlagenheit hellte sich auf und machte einer zaghaften Zuversicht Platz.

Raoul wird verlegt

Schwester Hildegard sass an seiner Bettkante. Sie hatte Raoul mitsamt seinem Bett auf die Abteilung gefahren. An der Eingangstüre des Korridors konnte er ein Schild entziffern: ‚Kardiologische Abteilung, Chefarzt, Prof. Dr. med. Paul Erne'.

Raoul war guter Dinge, denn er konnte sich gleich über zwei sehr angenehme Tatsachen freuen: Erstens darüber, dass er endlich auf die Abteilung verlegt wurde und zweitens, dass Schwester Hildegard bei ihm sass.

Sie war die netteste von allen und er mochte sie. Ja es befiel ihn in diesem Moment eine seltsame Zärtlichkeit für diese Frau und er stellte verwundert fest, dass er sie gerne umarmt hätte.

Da unterbrach Hildegard seine Gedanken mit der Mitteilung, dass Frau Weger heute Nachmittag entlassen werde. Sie strich ihm dabei zärtlich übers Haar. Raoul zuckte zusammen. Er schämte sich seiner Gefühle von eben. Er mochte Frau Hildegard, aber er liebte Bettina.

Hildegard bemerkte sofort, wie Herr Weger bei der Erwähnung des Namens von Bettina zusammenzuckte. Sie spürte deutlich wie er sich innerlich versteifte und von ihr abrückte. Er wandte seinen Kopf ab und entzog sich so ihrer zarten Hand.

Sie stand auf und verabschiedete sich von ihm. Mit den üblichen Wünschen zur guten Besserung verliess sie sein Zimmer. Im Korridor wischte sie sich verstohlen eine Träne aus dem Gesicht und ging strammen Schrittes zurück in Richtung IPS.

***

Endlich war es ruhig. Kein Piepsen von Monitoren mehr, kein Hantieren mit Gerätschaften, kein Schlurfen,

Schnarchen oder Grochsen[13] rund um ihn herum. Diese Ruhe war fast gespenstisch. Ihm war, als fehle etwas.

Während den letzten Tagen war er ein wichtiger Teil eines riesigen Räderwerkes gewesen, das ständig in Betrieb war. Aber hier, in diesem Zimmer, kam er sich wie ausrangiert vor, abgestellt auf einem Nebengeleis. Vielleicht sogar vergessen?

Jedenfalls war die letzte Mitarbeiterin vor einiger Zeit gegangen und seither hatte sich nichts mehr geregt. Allerdings hatte er immer noch eine Infusion über sich hängen. Das liess ihn hoffen.

Bettinas Kuss

Und tatsächlich klopfte es an der Türe und jemand betrat das Zimmer. „Bettina! Was machst Du hier? Schön, dass Du kommst!" Gleich hinter Bettina stand Chris und winkte: „Hallo Papi, wie geht's?"

„Ich wollte kurz nach Dir sehen, bevor ich nach Hause gehe.", erklärte Bettina. Sie nahm einen Stuhl und rückte ihn nahe neben das Bett, so dass sie seine Hand nehmen und ihm so nahe wie möglich sein konnte.

Chris setzte sich direkt aufs Bett und umarmte ihren Vater herzlich. Und die gegenseitigen Fragen nach dem Befinden und dem aktuellen Verlauf ihrer Beschwerden füllten den Anfang des eher schwierigen Besuches aus.

---

[13] Schweizerisch für stöhnen, ächzen, jammern

Dann aber herrschte plötzlich betretenes Schweigen. Raoul und Bettina hatten ihre Herzen so voller Fragen, dass sie beide nichts sagen konnten. Beide hatten sich in den letzten Tagen, und vor allem in den letzten Nächten, tausendmal dieses erste Zusammentreffen vorgestellt und was sie dann sagen würden.

Zum Glück eröffnete Chris das Gespräch mit der Mitteilung, dass Mami für einige Tage zu ihr komme.

Jetzt wollten plötzlich alle reden, aber Chris fuhr fort. „Es ist das Beste, wenn sie zu mir kommt. Da hat sie Ruhe und wird nicht von Fred belästigt.

Alles Weitere sehen wir dann, wenn du wieder gesund bist, Papi! Das soll jetzt dein einziges Ziel sein. Und wenn du wieder gesund bist, dann kommst du auch zu mir und wir halten Rat, Ok?"

Raoul räusperte sich und flüsterte zu Bettina: „Es tut mir leid, dass ich dich so angefaucht habe. Ich weiss auch nicht, was mit mir los war."

Er weinte und drückte ihre Hand. Auch Bettina weinte, sagte aber nichts. Sie wollte einfach nur in seiner Nähe sein. Sie strich zart über seine Wangen und wischte ihm die Tränen weg.

So sassen sie schweigend. Jeder hing seinen Gedanken nach bis Chris zum Aufbruch drängte. Sie müsse noch ins Büro.

Beim Abschied flüsterte Bettina Raoul ins Ohr: „Ich hab dich lieb! Es tut mir leid, was passiert ist! Ich habe viel über uns nachgedacht und würde gern mit dir reden."

Dann küsste sie ihn leidenschaftlich auf den Mund, wischte nochmals ihre und seine Tränen ab und stand auf.

„Mach, dass du rasch gesund wirst! Ich kann es kaum erwarten dich wieder bei mir zu haben!"

Raoul und Chris schauten einander an und trauten ihren Ohren nicht. Was war das? Vor kaum zwei Wochen war sie zu Hause ausgezogen und wollte Raoul für immer verlassen. Und jetzt? Chris war zwar misstrauisch, wollte Bettina aber nicht bereits hier vor Raoul fragen.

Raoul war sprachlos und glücklich. Sein Herz jauchzte! Er konnte es kaum fassen. Bettina hatte ihm innert wenigen Tagen zweimal ihre Liebe gestanden!

Er fühlte sich wie damals, als sie ihm nach der Oper ihren ersten flüchtigen Kuss auf die Wange gehaucht hatte. Er war wieder erfüllt von diesem Glücksgefühl, das sich vom Bauch in den ganzen Körper ausdehnte bis zu den Zehenspitzen.

Langsam schloss er die Augen, liess sich tief in die Kissen sinken und summte leise „I will always love you" von Whitney Houston. Sein Mund lächelte zufrieden und seine Hände drückten die Daunendecke fest an sich.

***

Seit sie gegangen waren lag Raoul einfach da und kuschelte sich in die Decke. Er war nicht in der Lage einen klaren Gedanken zu fassen.

Die Abschiedsszene mit ihrem innigen Kuss und Bettinas Worten voller Liebe verwirrte ihn total. Tief sass ihm der Schmerz von ihrem Weggang in den Knochen und gleichzeitig wurde er umhüllt von ihrer Liebe. Er war wie in Trance und ohne Boden unter den Füssen. Alles wirbelte durcheinander.

Er wünschte sich seine Eingebung zurück. Sie sollte ihm beistehen und ihm aus seiner Verwirrung helfen. Jetzt waren klare Worte nötig, anders würde er aus dieser Orientierungslosigkeit, aus diesem Nebel von Gefühlen und Worten nicht hinausfinden.

Da klopfte es und HP steckte seinen Kopf zur Türe herein.

„Dich schickt der Himmel!", rief Raoul.

„Wieso, planst du einen Ausbruch aus dieser Anstalt?", fragte HP.

„Nein, aber gerade hatte ich um eine Eingebung gebeten, um mich aus meinem Schlamassel zu retten. Du ahnst ja nicht, was passiert ist!"

„Das tönt ja richtig dramatisch. Haben die Ärzte dich nicht richtig behandelt, oder was ist los? Hast du Schmerzen?"

Raoul seufzte, holte tief Luft und meinte zögerlich: „Ich kann es immer noch nicht fassen. Vor kurzem waren Bettina und Chris hier, um sich zu verabschieden. Bettina zieht für ein paar Tage zu Chris. Chris wünschte mir gute Besserung und …"

„Und das haut dich so aus den Socken? Du bist aber echt von der Rolle!", warf HP dazwischen.

„Nein das nicht, aber dass Bettina mir zum Abschied liebevoll übers Haar streicht, mich innig und leidenschaftlich küsst, verliebt wie in früheren Zeiten, und mir ihre Liebe gesteht. Sie könne es kaum erwarten, mich wieder bei sich zu Hause zu haben!"

Raoul konnte nicht weiterreden. Er zitterte am ganzen Körper. Er brach erneut in Tränen aus, wandte sich ab und verbarg sein Gesicht in den Kissen.

HP stand eine ganze Weile wie erstarrt mitten im Zimmer und sagte nichts. Den Blumenstrauss hatte er immer noch in der Hand. Die Zeit schien den Atem anzuhalten. Das erste, was er herausbrachte war: „Gibt es hier eine Vase?"

Keine Antwort, also machte sich HP auf die Suche nach einer passenden Blumenvase. Die Lernschwester, welche er im Korridor antraf, zeigte ihm das Blumenzimmer, wo er alles Nötige vorfand. Er hatte es nicht eilig ins Zimmer zurückzukehren. Er braucht etwas Zeit, um das eben Gehörte zu verdauen.

Er konnte erahnen, wie es um Raoul stand. Der Sturm der Gefühle, die Zweifel, die Hilflosigkeit mussten riesig sein. Er hätte ihm gerne geholfen und ihn unterstützt, wenn er gewusst hätte wie.

Oder hatte Raoul Bettina etwa falsch verstanden? Wollte sie ihm nur was Nettes sagen in der Hoffnung, dass er dadurch rascher gesund werde und sich nicht ständig Sorgen machte?

Er wollte mal mit ihr reden. Mit diesem Bescheid auf den Lippen betrat er erneut Raouls Zimmer.

Hier hatte sich nichts verändert. Raoul hatte sich in seinen Kissen vergraben und gab sich seinem Schmerz hin. HP stellte die Blumen auf das kleine Tischchen, nahm sich einen Stuhl, rückte ihn ans Bett und wartete. Raoul rührte sich nicht.

***

HP überlegte, wie er helfen könnte. Er konnte zwar mit Bettina reden, aber für Raoul war das keine wirkliche Hilfe. Bei Raoul sass der Schock tief. Er hatte ihr blind vertraut.

Würde er ihr je wieder so vertrauen können und sich öffnen für ihre Liebe? Oder würde er sich eher zurückziehen, sich abkapseln und verschliessen? Wer konnte in dieser Situation schon wissen, ob er wieder Vertrauen fand, nachdem seine ganze Welt eingestürzt war?

HP war sich zwar sicher, dass Raoul Bettina noch liebte, aber Raoul musste mit seinen Gefühlen allein klarkommen.

Er musste spüren, ober er unter den neuen Vorbedingungen weiter mit Bettina zusammenleben konnte. Beide waren nicht mehr dieselben Menschen. Vieles hatte sich verändert in ihrem Inneren.

Noch war nichts entschieden. Dafür war es noch zu früh. Der neue Anlauf von Bettina könnte die Wunden von Raoul vielleicht heilen, sofern er ernst gemeint und von Dauer war.

Offenbar liebte sie ihn noch. Und bei Raoul war er sich sicher, dass er sie noch liebte.

Wenn sie beide aufeinander zugingen, dann könnte es funktionieren. Er wollte mit viel Feingefühl mal abtasten, wie die Chancen dazu standen. Er hätte es beiden gegönnt, wenn diese Geschichte gut ausgegangen wäre.

***

Endlich hob Raoul zögernd den Kopf. „Schön, dass du bei mir bist. Mir geht's beschissen, wie du siehst. Ich verstehe sie nicht. Wieso quält sie mich dermassen?"

„Soll sie doch bei ihrem Fred bleiben und mich in Ruhe lassen. Lieber ein Ende mit Schrecken als ein Schrecken ohne Ende, dem ich dann selbst ein Ende bereiten muss."

HP stand auf und schloss Raoul in die Arme.

„Sachte Raoul, ich bin ja bei dir. Du bist nicht allein! Wir werden zusammenhalten. Zusammen werden wir das durchstehen, ganz bestimmt!"

Dabei blickte er Raoul direkt in die Augen. „Du kannst mich jederzeit anrufen. Und denk daran: Keine Frau ist es Wert, sich wegen ihr umzubringen!"

Raoul sagte nichts. Er protestierte nicht mal, was HP eigentlich erwartet hatte. Aber Raoul war dazu nicht in der Lage, so fix und fertig war er.

„Soll ich mal mit Bettina reden?"

„Mach, was du willst. Mir ist alles egal."

HP versuchte seinen Freund etwas aufzumuntern oder wenigstens abzulenken. Deshalb erzählte er ihm von seiner letzten Ausfahrt mit seinem Motorrad rund um den Zugersee und wie er beim Apéro in der Lounge des Hafenrestaurants zwei nette Damen kennengelernt hatte.

Ihnen war sein nostalgischer Lederhelm aufgefallen und so kamen sie ins Gespräch. Beide waren sehr interessiert und folgten gebannt seinen Ausführungen über seinen chromglänzenden Oldtimer.

Beide wollten unbedingt mal mit seinem Gefährt mitfahren und sich den Wind durch die Haare streichen lassen. Schliesslich lud er sie, eine nach der anderen, zu einer kurzen Probefahrt ein rund ums Gelände und versprach beiden eine längere Ausfahrt folgen zu lassen.

So hatte er, wie von selbst und ohne es gesucht zu haben, an einem Abend gleich zwei vielversprechende neue Kontakte geknüpft.

„Ja, ja, erzähl nur weiter", tönte es tief aus den Kissen heraus. „Du hast gut reden. Mit dir meint es das Schicksal halt gut." HP schwieg und Raoul verkroch sich noch tiefer in seine Kissen.

Da klopfte es und eine Hilfskraft kam mit dem Nachtessen herein. HP stand auf und nutzte die Gelegenheit, um sich zu verabschieden.

Er habe noch eine Verabredung mit einer der beiden Damen, meinte er verschmitzt, und er freue sich sogar darauf. Dies sei sein erstes Rendez vous seit der Trennung. Aber er wolle es mal versuchen und schauen was dabei herauskomme.

Raoul stocherte geistesabwesend in seinem Essen herum. Ihm war der Appetit vergangen. Sein Herz schwankte immer noch zwischen Freude und Trauer hin und her.

Mal überwog die Freude und er versuchte sich bereits wieder vorzustellen, wie Bettina ihn in die Arme schloss und ihn genauso innig küsste wie vorhin.

Dann aber überwältigte ihn wieder die Trauer und er liess sich tief in seine Kissen sinken.

In diesem Schwebezustand zwischen Verzweiflung und Hoffnung hörte er plötzlich in sich drin eine Stimme. Es war dieselbe wie vor einigen Tagen, genau so klar und deutlich.

Seine Eingebung schimpfte mit ihm: „Hab Vertrauen! Dir wurde alles gegeben, was du brauchst, um zu leben und eine Lösung zu finden. Jammere nicht, sondern höre auf dein Herz und finde deinen Weg!"

Raoul erschrak. Das hatte er nicht verdient, ausgerechnet jetzt, wo er sich so mies fühlte. Ihm wäre lieber gewesen, sie hätte gleich die Lösung mitgebracht!

Er sah sich um, fand aber nirgends einen Zettel mit einer Anleitung oder so was Ähnlichem. Die Eingebung war nur kurz vorbeigekommen, hatte ihn angeschnauzt und dann stehen lassen wie einen begossenen Pudel. Oder vielmehr liegen gelassen in seinen verweinten Kissen.

Rauls Traum

Irgendwie musste er eingeschlafen sein. In seinem Traum sah er einen Schwall von Bildern, alle klar und deutlich und wunderschön farbig, wie bei einer Diaschau. Dazwischen liefen jeweils auch kurze Videos. Und, sehr bemerkenswert, er konnte alles schmecken und riechen, passend zu den Bildern und er konnte auch alles hören und anfassen. Er spürte sogar Gefühle, wie im echten Leben.

Begonnen hatte die Show mit Traurigkeit. Er sah sich im seinem Spitalbett weinend und tief vergraben in seinen Kissen. HP sass neben ihm und erzählte ihm, wie er gestern ausgefahren war und zwei sehr nette Damen kennen gelernt hatte.

Kurz darauf war seine Traurigkeit aber plötzlich wie weggeblasen. Er sah wieder sich selbst, aber diesmal zu Hause in der Loggia mit der Badehose bekleidet, gemütlich und zufrieden ein Buch lesend. Er hörte die Vögel zwitschern und schmeckte sein kühles Bier. Ein feiner Duft seiner Rosen schwebte herüber. Er war zutiefst glücklich.

Das nächste Bild musste von einer Auslandreise stammen. Er wusste nicht genau wo es aufgenommen worden war. Er kannte niemanden. Die Frauen waren in bunte Gewänder gekleidet, die bis zum Boden reichten. Sie trugen auf ihren Köpfen geflochtene Körbe aus denen orientalische Kräuter ganz verführerisch dufteten. Viele hatten Blumen im Haar. Er hörte Musik und Gesang, sowie fröhliches Kinderlachen.

Im folgenden Bild konnte er sich selbst beobachten, wie er in einer trostlosen Gegend in flimmernder Hitze allein einer langen, staubigen Strasse entlanglief, durstig und hungrig, müde und verschwitzt.

Diese Szene schien ihm aus einem alten Western entnommen. Die Füsse trugen ihn kaum noch und er spürte die Schwere in seinem Herzen und die Aussichtslosigkeit.

Doch da bog aus dem Nichts ein grasgrüner, klappriger, total verrosteter Autobus in die Strasse ein, eine schwarze Rauchwolke hinter sich lassend. Bis dahin war da gar noch keine Strasse gewesen und schon gar kein Bus.

Durch die geöffneten Fenster drang beschwingte Musik und heiteres Stimmengewirr. Raoul begann mit letzter Kraft zu rennen und wie wild mit den Armen zu fuchteln.

Dieser Bus war seine Chance. Er musste ihn kriegen. Keuchend erreichte er das schaukelnde Gefährt. Die Fahrertüre öffnete sich und er stieg erleichtert ein.

Als er gefragt wurde, wohin die Reise denn gehen soll, antwortete Raoul ohne zu zögern: „Nach Innen!" Der Fahrer legte den Gang ein und gab Gas.

Er sah sich im Wagen um. Da war niemand! Kein Mensch, keine Musik, kein Stimmengewirr und auch kein Fahrer! Komischerweise wunderte ihn das alles überhaupt nicht. Er war gerettet! Das genügte ihm.

Die Gegend raste immer schneller an Raoul vorbei. In rascher Folge sah er teure Schlitten, schöne Villen, Geld in Haufen, Perlenketten, Frauen mit tiefen Ausschnitten und teuren Pelzen und in der Ferne ganze Städte mit ihren Leuchtreklamen, Spielcasinos und tosendem Lärm.

Dann spielten die Bilder richtig verrückt, wie das Blitzlichtgewitter bei einer Promigala. Sie wurden immer undeutlicher und verschwommener bis er sie nur noch erahnen konnte.

Er glaubte eine Frau zu sehen in einem grossen, hellen Büro an einem Pult aus Mahagoni. Er konnte sie nicht genau erkennen, aber von den Konturen her könnte es Bettina gewesen sein. Sie hatte einen Kunden im mittleren Alter vis à vis und redete angeregt mit ihm. Oder war es gar ein Flirt?

In den folgenden Sequenzen erkannte er unscharf einen Mann, der vor versammelter Zuhörerschaft sprach. Die Leute klatschten begeistert. Viele hielten ein Buch in ihren Händen.

Inzwischen ging die Fahrt so rasend schnell, dass er nichts mehr richtig erkennen konnte.

In diesem Blitzlichtgewitter schienen nur einzelne Details auf wie zum Beispiel ein Mann inmitten seiner fröhlich spielenden Enkelkinder oder zwei Menschen, die sich umarmten.

Deutlich spürte er, zum Bild passend, eine tiefe Zärtlichkeit und Wärme. Vom nächsten Bild konnte er nichts mehr sehen. Er spürte nur noch wie ein tiefes Gefühl von Liebe ihn durchdrang und erfüllte.

Exitus

Als die Lernschwester das Zimmer betrat, um das Tablett mit dem Geschirr abzuräumen, erschrak sie zu Tode, denn das ganze Geschirr lag am Boden. Raoul hatte das Essen nicht angerührt.

Er antwortete auch nicht, als sie ihn fragte, ob es ihm gutgehe. Sein Gesicht war aschfahl mit einem Stich ins bläuliche.

Überstürzt rannte sie hinaus und holte den diensttuenden Arzt.

Dieser sah sofort, weshalb die Lernschwester so aufgeregt war. Herr Weger war friedlich eingeschlafen, mit einem Lächeln im Gesicht.

Es war reine Routine, dass der Arzt noch Raouls Vitalitätszeichen überprüfte. Die Diagnose war bereits klar: Exitus letalis.

Inhalt

Die Fussnoten wurden teilweise aus Wikipedia kopiert.

Adresse des Autors:

Dr. med. Paul E Wettstein,
Luzernerstrasse 31,
CH-6353 Weggis,
Tel: +41 41 390 41 35
paulwettstein@bluewin.ch
www.lesung-mit-herz.ch

Herstellung und Verlag:

BoD – Books on Demand, Norderstedt

Bibliografische Information der Deutschen
Nationalbibliothek:

Die Deutsche Nationalbibliothek verzeichnet diese
Publikation in der Deutschen Nationalbibliografie;
detaillierte bibliografische Daten sind im Internet über
http://dnb.d-nb.de abrufbar.

ISBN: 978-3-7494-2143-5